庞统

大智若愚的军师

宿巍 著

辽宁人民出版社

© 宿巍　2026

图书在版编目（CIP）数据

庞统：大智若愚的军师 / 宿巍著. -- 沈阳：辽宁人民出版社，2026.1. -- ISBN 978-7-205-11587-6

Ⅰ．K827=36

中国国家版本馆 CIP 数据核字第 2025HU1994 号

出版发行：辽宁人民出版社
　　　　　地　址：沈阳市和平区十一纬路 25 号　邮编：110003
　　　　　电　话：024-23284191（发行部）　024-23284304（办公室）
　　　　　http://www.lnpph.com.cn
印　　刷：固安县云鼎印刷有限公司
幅面尺寸：145mm×210mm
印　　张：7.5
字　　数：107 千字
出版时间：2026 年 1 月第 1 版
印刷时间：2026 年 1 月第 1 次印刷
责任编辑：赵维宁
助理编辑：金美琦
封面设计：乐　翁
版式设计：一诺设计
责任校对：耿　珺
书　　号：ISBN 978-7-205-11587-6
定　　价：39.80 元

序　言

"伏龙、凤雏，两人得一，可安天下。"这是《三国演义》中，作者罗贯中以司马徽之口，对诸葛亮与庞统作出的评价。"伏龙"即"卧龙"诸葛亮，"凤雏"指的是庞统。

诸葛亮与庞统都是荆州的青年才俊。而荆州是孙、曹、刘三方势力争夺最激烈的地区。三国的历史，很大部分是围绕荆州而展开的。诸葛亮与庞统也都先后作为刘备的军师，成为三国历史的风云人物。诸葛亮与庞统并称"卧龙凤雏"，然而，两人不论是在民间演义中还是在真实历史上，知名度与影响力都相差甚大。

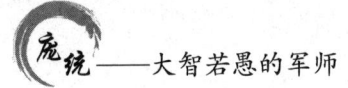

庞统——大智若愚的军师

之所以会有如此现象，原因很多。以民间形象而言，《三国演义》旨在浓墨重彩塑造诸葛亮的形象，为此，历史上发生在刘备、庞统、法正身上的事情都被罗贯中加给诸葛亮，从而加重诸葛亮的分量。

刘备走向人生巅峰的三次重大战争，赤壁之战、夺蜀之战、汉中之战，立下最大功绩的谋臣分别是诸葛亮、庞统、法正。

但在小说《三国演义》中，罗贯中将这些功劳都安排给诸葛亮。而夺蜀之战是庞统最大的也是最重要的功劳。庞统与法正能得到谥号，能有极高的历史地位，就是因为他们在夺取蜀地、征战汉中时立下的功勋。

庞统在历史上的知名度不高，影响力也不大，很重要的原因就是，他真正追随刘备的时间不长，经历的重大事件过少。从周瑜病亡到投奔刘备被下放耒阳，再到受鲁肃、诸葛亮的推荐得到重用，庞统的经历一波三折。庞统真正进入刘备的决策层并发挥作用已经是建安十六年（211）的事情，而他建安十九年（214）就在雒城阵亡。庞统在刘备身边的时间只有四年，其中三年都是随刘备在蜀地

序 言

征战。而由于史料对征战蜀地的记载过少，因此庞统在这场战争中的作用也被严重低估。

本书通过对现有史料抽丝剥茧般的梳理，从庞统的荆州大族的身份背景入手，解读庞统入仕晚于诸葛亮之谜，从而解开三国荆州局势纷繁复杂的历史。再从庞统在蜀中为刘备出谋划策，从设下鸿门宴袭夺白水关到进据涪城的历史，完整再现庞统为刘备夺取益州殚精竭虑、奋不顾身，进而战死沙场的历史过程。从而全面深入、生动详实地为读者展现庞统从与诸葛亮并称"卧龙凤雏"到刘备军师的人生历程与历史功绩。

宿巍

2024年12月6日

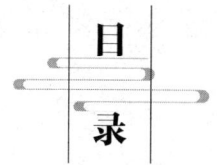

序　言 / 001

南州士之冠冕——襄阳庞统 / 001

山雨欲来风满楼——赤壁之战前的荆州 / 035

见证周瑜密计——扣押阴谋 / 059

大材小用——从县令到军师 / 087

入蜀之议——兼弱攻昧逆取顺守 / 115

涪城初会——未设成的鸿门宴 / 149

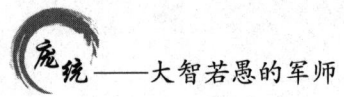

葭萌献策——袭取涪城 / 169

雒城之殇——凤雏战亡 / 201

痛失臂膀——追念士元 / 225

附　录 / 232

南州士之冠冕——襄阳庞统

"伏龙、凤雏,两人得一,可安天下。"人们对庞统的最初印象,大多来自《三国演义》中水镜先生司马徽对刘备讲的这句话。"伏龙"即是诸葛亮,"凤雏"就是庞统。

小说中,来到荆州后的刘备一直被刘表的后妻蔡氏及弟弟蔡瑁嫉恨。于是,一次趁刘表病重,蔡瑁等人欲设计陷害刘备,他们假意请刘备赴宴,准备在宴席上动手,也来一次鸿门宴。但刘备在伊籍先生的帮助下,单枪匹马夺路而出,逃出襄阳。刘备被蔡瑁派兵追杀,跃马檀溪,死里逃生,因慌不择路而巧遇隐居的水镜先生司马徽。

而在这次会面后不久,刘备就得到出身于豫州颍川的谋士徐庶,后在徐庶的引荐下,刘备通过三顾茅庐又请到隐居隆中的来

南州士之冠冕——襄阳庞统

自徐州琅琊的"卧龙"诸葛亮出山辅佐自己。但"凤雏"庞统直到赤壁大战巧献连环计时才出场。以上故事均出自古典通俗小说《三国演义》。

而在真实的历史中,庞统出场的时间比这还要晚,直到赤壁之战结束,孙、刘联军取得大胜,战前的种种悬念都被解开,所有的事情都尘埃落定之后,他才出现在正史里,开始崭露头角。反而是徐庶与诸葛亮,在演义中与在历史上出现的时间基本是一致的。特殊的人就只有庞统一人。庞统出场最晚,只因他是荆州本地人。弄清这些名士的籍贯,对于理解他们出仕刘备的顺序至关重要,籍贯也是解开荆州政治用人选才之谜的主要线索。

中原自董卓之乱后,便成为群雄逐鹿的战场,各方诸侯轮番出场,可谓"你方唱罢我登场"。袁绍、曹操、袁术、公孙瓒、吕布、陶谦等人,割据一方,彼此攻伐,混战不休,百姓饱受战乱之苦,纷纷南下,躲避战乱。

在南下的人群中就有许多名士,他们原本可以依靠家族的人脉关系通过察举征辟进入仕途,却因战乱,以往平静的生活被打

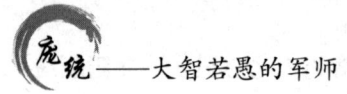
庞统——大智若愚的军师

乱,仕途也大受影响。

但相比仕途,显然性命更重要。这些名士儒生为避兵乱也随众南下。当时的南方因不是繁华所在,反而未遭遇多少兵火。尤其是荆州,可以说得上是乱世里的世外桃源。

荆州自初平元年(190)刘表担任刺史以来,鲜有战事,刘表本人也是名士出身,因此对各方来投的士人儒生多有关照。

各地名士闻讯也纷纷前来投奔。这其中就有刘表的好友、来自徐州琅琊郡的诸葛玄,他也是诸葛亮的叔父。诸葛亮未来的好友,来自豫州颍川郡的徐庶徐元直、石韬石广元,来自豫州汝南郡的孟建孟公威,以及来自博陵崔氏的崔钧崔州平。

其他知名的士人,还有颍川赵俨、杜袭,山阳王粲,等等。

刘表对这些北来名士照顾有加,却不肯重用。于是,就有人以此贬低刘表,说他不会用人、不识人才,是庸碌之辈自守之贼,难怪他的势力未能坐大,最终为人所并,这都是因为刘表不重用贤才。

说这些话的人才是不懂政治,非蠢即坏。刘表能稳坐荆州,

南州士之冠冕——襄阳庞统

靠的是荆州本地的四大家族的支持。投桃报李，相应地刘表自然要重用四大家族的人作为政治回报。礼尚往来，在古代官场之上尤其如此。

刘表如果重用北来士人，能得到的恐怕只有礼贤下士的虚名，得罪的却是本地具有实力的地方豪强。既然当初这些地方豪强能将刘表扶上去，当然也有能力将之赶下去。

政治资源就那么多，蛋糕就那么大，北来士人多吃一口，本地豪强就只能少吃一口。北来士人大多只是暂居于此，待中原战乱平息，人家可是要回去的，不会留在荆州，至少多数人不会留下。刘表若果真重用北来士人，势必得罪荆州大族地方豪强。到时候，北来士人返回中原，地方豪强又都得罪了，那刘表可就惨了。

有个牧羊人与野山羊的寓言故事，讲的就是这种情况。有一个牧羊人赶着羊群去牧场吃草，傍晚，牧羊人将羊群赶回羊圈时发现一群野山羊也混入其中，当即大喜，认为这是一笔意外之财。第二天，草场起了风暴，牧羊人只能在羊圈喂它们。但是，

庞统——大智若愚的军师

草场库存的草料是有限的,因为羊群数量的突然增多,只能让一部分羊吃饱。牧羊人为了将这群野山羊留下来,据为己有,便将仅有的为数不多的草料都喂给野山羊,对原来的山羊则不管不顾。牧羊人希望以此讨好野山羊,将它们留下来。结果,等到风暴平息,家山羊很多都饿死了,野山羊却个个吃得膘肥体壮。当牧羊人再次将羊群带到草场上时,那些野山羊立即逃走,很快就跑光了。牧羊人因为贪心,不仅野山羊未得到,原来的山羊也大多损失了。

如果刘表重用北来士人,冷落地方豪强,他的下场会和牧羊人一样,甚至还会更惨。刘表不傻,他知道那些北来士人靠不住,所以才不重用他们。刘表知道,关键时刻他能依靠的只有本地豪强,所以,他才宁可背负骂名,也要重用本地豪强。

曹操曾说过一句名言,"不得慕虚名而处实祸"。刘表也深深懂得这个道理。在乱世里,能成为一方诸侯的人,都不简单。刘表不理会那些北来士人的闲言碎语,却与荆州大族深度绑定,这才是他真正的聪明之处。

南州士之冠冕——襄阳庞统

北来士人只是将荆州作为躲避战乱的避风港,权且安身,并未有久留之意。刘表亦深知其心,故对北方士大夫极尽礼遇,却并不重用。刘表也只是想尽地主之谊,做顺水人情。

真正从北方而来,又能助刘表一臂之力的只有与他同为汉室宗亲的左将军宜城亭侯刘备。

因为刘备与曹操是势同水火的敌人。而官渡之战后,袁绍兵败,曹操得势。尤其在袁绍死后,北方已是曹操的天下。

只要中原还是曹操的,北方,刘备就回不去。刘备当然想回去,而回去的方式只有一种——打回去。

刘备自然想要打回去,但靠他自己所剩的那为数不多的军队,想实现这个梦想,并不现实。而刘备在自身不具备与曹操抗衡的实力的情况下,还想跟曹操对抗,只有一种办法,那就是劝说刘表出兵,由他率领大军北上与曹操大战。

刘备来到荆州后,直到刘表病逝,一直想尽办法做刘表的思想工作,劝其出兵,主动对曹操发起攻击。但刘表大多数时候都不为所动,只是在曹操猛攻袁尚、袁谭,河北袁氏岌岌可危时,

庞统——大智若愚的军师

才同意派刘备北上进攻曹操，为袁氏声援。

刘备自南投刘表，即被安排驻军于南阳郡的新野县。当时的南阳被曹操和刘表一分为二，各据一半，而南阳郡是荆州最富庶的地方，自然也是双方争夺的焦点。

新野在刘表势力范围的最北边，也是最前线。刘表将刘备安置在新野，目的就是想利用刘备来抵御曹操。刘表有这种想法一点也不奇怪，甚至这是当时各路诸侯的普遍共识。之前的徐州陶谦、之后的益州刘璋以及此时的荆州刘表，他们都不约而同地认为，只有刘备才能抵挡得住曹操。

刘备与曹操可谓不是冤家不聚头。此时虽说是群雄逐鹿，但真正能做曹操对手的也只有刘备。曹操似乎也是这么认为的，刘备兵败徐州被袁术和吕布赶出下邳时，只能去投奔曹操。而曹操并不因此轻视刘备，反而十分热情，刘备的左将军及宜城亭侯都是曹操帮他向汉献帝表奏申请的。

曹操也是慧眼识英雄，对刘备称誉有加。这点因为《三国演义》的普及，几乎是尽人皆知。这就要说起著名的青梅煮酒论英

南州士之冠冕——襄阳庞统

雄的故事了。

刘备在许都时，一日，忽接曹操相邀去府上宴饮。刘备如约而至。酒桌上，二人推杯换盏，酒酣耳热之际，纵论天下英雄。

曹操请刘备评论当世英雄。刘备先后举出袁术、袁绍、刘表、孙策，甚至连刘璋都搬出来了，却被曹操逐一否定。最后，还是曹操做了总结性发言："今天下英雄，唯使君与操耳！"曹操说，当今能称得上英雄的，只有你我二人。虽然，曹操此时说这番话有酒桌上互捧之嫌，但不得不说，曹操肯收留刘备，并为之加官晋爵，还当面夸奖刘备，这本身就是对刘备能力的认可。

曹操如此厚待刘备，当然是有用意的，其真实目的也不难猜测。陶谦、刘表、刘璋收留刘备是为对付曹操。那曹操收留刘备是为对付谁呢？这就要说到刘备为何会去投奔曹操。在去许都投奔曹操之前，刘备可是徐州之主，但被吕布、袁术南北包夹，丢失徐州，才不得不北投曹操。此时的曹操，北有袁绍之逼，南有吕布、袁术与之为敌，日子也不好过。

曹操厚待刘备，正是为了利用刘备去对付吕布和袁术。就这

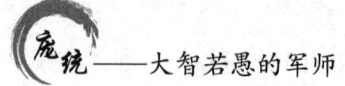庞统——大智若愚的军师

一点说，曹操与陶谦、刘表、刘璋本质上是相同的，都是想利用刘备为自己御敌，为自己分忧。

曹操都如此看重的人，刘表不可能不看重。有能力领兵北进的也就只有刘备了。

刘备虽为宗室出身，家境却早已落魄，甚至年少时与母亲靠织席贩履维持生计，过得还不如平民，生活际遇等同于布衣百姓。而他能从织席贩履一跃成为封疆大吏也不过十年时间。在那个阶层固化的时代，如此快的晋升速度极其少见，即使这其中有生逢乱世的缘故，但也不得不说，刘备本身的才干以及把握机会的能力都是出乎其类、拔乎其萃的。

刘备很珍惜刘表给他的这来之不易的机会，率军从新野出发，一路北上，连战连捷，一直杀到叶县。而叶县再往北就是豫州的颍川郡。曹操以及被他迎来的汉献帝就在颍川郡的许县。汉献帝迁都于许县后，改称许都。

刘备兵锋甚锐，一路北进，势不可当。曹操想不到，他当年对刘备的称许竟会以这种方式实现。眼看刘备就要杀到许都，曹

南州士之冠冕——襄阳庞统

操不得已只得派出麾下首席大将夏侯惇领兵应战。曹氏、夏侯氏众将是曹操嫡系中的嫡系，是曹操起家的班底，而夏侯惇是嫡系将领之首，分量不可谓不重。

而给夏侯惇当副将的是于禁。读过《三国演义》的人都知道刘备有"五虎上将"。其实，曹操也有属于他的"五子良将"，这五员大将分别是于禁、张郃、张辽、徐晃、乐进。这其中在曹操当政时官职最高、战功最大的当数于禁。对标刘备的"五虎上将"，于禁在曹操的"五子良将"中的地位大致相当于关羽。曹操派夏侯惇、于禁领兵，可见他对此战的重视、对刘备的重视。

曹操派出的阵容足够强，排场足够大，却依然不是刘备的对手。两军对峙，一时难分胜负。

突然有一天，刘备放起大火烧营退走。夏侯惇得知刘备撤退，当即就要带兵去追。这时神将李典却认为事出突然，刘备并未战败，匆忙退兵，其中必有缘故，这恐怕是刘备设下的圈套，故意引诱曹军去追，贸然追击，恐有埋伏。但夏侯惇不以为然，在他的印象里，刘备依然是在徐州时逢战必败的那个刘备。但他不知道，刘备只要不遇上曹操，只要不被偷袭后路，很难有人能从正面将其击败。

夏侯惇不理会李典的劝阻，执意要追。既然李典不想去，那就不要去了。

夏侯惇令李典留守，与于禁率军南下追击刘备。

此时，刘备率军从叶县向南撤往新野，需要路过一个叫博望的地方。读过《三国演义》的人对此地想必十分熟悉。火烧博望坡是诸葛亮初出茅庐的第一功。当然，那是小说。历史上，诸葛亮初出茅庐的首功是之后出使江东促成孙刘联盟，正是有诸葛亮的出使，才会有后来的孙刘联盟，也才会有赤壁大战的胜利，进而才会形成三足鼎立的格局。

火烧博望，确实有，但放火的人不是诸葛亮，而是刘备。而刘备之所以选择在博望设伏放火，原因与小说相同，因为博望这个地方道路十分狭窄，草木却特别茂盛，很适合用火攻。

夏侯惇因为轻敌，即使追进博望，也未因周围的地形变化引起丝毫警觉。刘备自然不会对他客气，立即趁势纵火，随后率军

南州士之冠冕——襄阳庞统

杀出,准备围歼夏侯惇。还是被夏侯惇留在后方的李典发现情况不妙,率军救援。刘备见敌人有救兵,才下令收兵,得胜而归。

刘备在博望大败夏侯氏诸将之首夏侯惇、曹操"五子良将"之首于禁。此时,徐庶不在他的身边,"卧龙""凤雏"尚未出山。刘备靠自己击败曹军精锐,已经充分证明了他的能力。

这次胜利,也令刘表甚为欣慰,证明他未看错人,但同时,他也在内心深处产生忧虑:刘备有如此才干,又怎会久居人下?从此直到他病亡,刘表再未让刘备领兵。

刘备在荆州的处境其实很尴尬。虽说史书上讲,自刘备南来,荆州豪杰归之者众多,然而,这并不符合事实。刘备确实在各种社交场合与荆州名士打得火热,相互之间多有交往,但这并不能说明,刘备在荆州有多么风光。日常交往与真心投靠,有着本质差别。

只要刘表还在,只要刘表还掌权,荆州豪杰就不会、更不敢投靠刘备。最具有说服力的证据就是诸葛亮和庞统都未在此时投奔刘备。

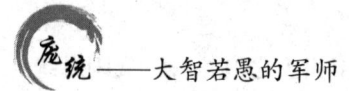
庞统——大智若愚的军师

诸葛亮是在建安十二年（207）才从隆中出山辅佐左将军刘备。庞统则要更晚，直到建安十五年（210）才归顺荆州牧刘备。而刘备早在建安六年（201）就已经来到荆州。看懂他们加入刘备阵营的时间，才能懂得刘备这些年在荆州过得有多艰难。

诸葛亮与庞统为何那么晚才加入刘备阵营？因为他们也是身不由己。诸葛亮不是一个人，在他的背后有荆州四大家族的身影。庞统也不是一个人，他的背后是整个庞氏宗族，庞氏家族也是荆州四大家族之一。

他们的抉择并不是单纯的个人行为，这涉及背后四大家族的利益，关系到方方面面。

荆州四大家族即蔡氏、蒯氏、黄氏、庞氏。

四大家族有多牛呢？当初，刘表被任命为荆州刺史，是单枪匹马入荆州。那时的刘表只有一张委任状，要兵没兵，要粮没粮，属于典型的一穷二白。刘表深知想要在荆州扎下根，就必须取得当地豪强的支持，争取与之合作。所以，刘表首先找到蒯氏家族的蒯良、蒯越与蔡氏家族的蔡瑁，在经过不为外人所知的政治交易后，达成协议。因为蒯氏与蔡氏的鼎力相助，刘表顺利入主荆州。

当时的荆州地方豪强拥兵割据，刘表的办法是用豪强打豪强。利用蔡氏等大族的宗族武装扫平各地不肯归顺的豪强。这么做的好处显而易见，刘表在自身缺乏实力的情况下，在蔡氏等荆州大族的支持下迅速掌控荆州，稳住局面。

刘表此举看似省力，却留下巨大的隐患。因为在平定荆州的过程中，刘表依靠的都是蔡氏等荆州大族，未建立起一支属于自己的嫡系部队。

刘表的荆州建立在荆州大族对他的支持上，而一旦对方不再支持，甚至转投他人，刘表将没有任何办法去阻止，因为他没有直接听命于他的嫡系，到时候，也只能看这些家族的脸色。

董卓被杀后，其部将李傕、郭汜掌权，为拉拢刘表，将刘表的荆州刺史升级为荆州牧。

而刘表为了拉拢四大家族，更是不惜"色相"，与蔡氏家族联姻，迎娶后妻蔡氏，这是典型的政治婚姻。刘表的目的自然是

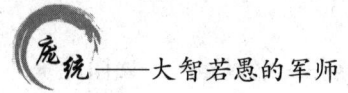
庞统——大智若愚的军师

希望以此与蔡氏深度绑定。

与蔡氏联姻,表面上绑定的是一个家族,实际上是两个。还有一个隐藏的家族——南阳黄氏。

诸葛亮未来的岳父黄承彦娶的是蔡瑁的大姐。刘表娶了蔡瑁的二姐。于是,刘表与黄承彦就成了连襟。进一步说,刘表与南阳黄氏也建立起了亲密的关系。

刘表迎娶蔡瑁的二姐后,蔡瑁在荆州的地位几乎是一人之下万人之上。蔡氏家族本身就是荆州的豪门。刘表是汉室宗亲又是荆州牧。两家通过联姻结成政治联盟,彼此扶持,相互成就。而蒯氏早在刘表入主荆州之时就已经与他进行了政治绑定。

南阳黄氏虽未参与最初的迎立,却也为刘表稳坐荆州立下大功,以功劳而言,不在蒯、蔡之下。

初平三年(192),孙坚起兵来夺荆州,起初连战连捷,势不可当。然而,孙坚没想到,因为一次冒进,被刘表麾下大将黄祖抓住机会,死于其部下的箭下。黄祖因此一战成名,刘表也顺利度过入主荆州之后的第一次危机。

南州士之冠冕——襄阳庞统

之后，黄祖接替蔡瑁成为江夏太守，驻守荆州东部，抵御江东，这一守就是十六年。直到建安十三年（208）年初，黄祖战死在任上。在此期间，黄祖接连射杀凌统之父凌操、孙坚的外甥徐琨，屡挫江东来犯之敌，令其损兵折将。

黄祖出自南阳黄氏，豪族出身，本身又有才干，他在荆州大致相当于周瑜在江东的地位，都是备受重用，举足轻重。黄祖受刘表器重的程度，与周瑜在江东被孙权的重视程度相比，不分伯仲。黄祖的儿子黄射也被刘表任命为章陵太守，配合江夏太守黄祖与江东对阵。父子二人同为郡守，驻防东线，可见其受重用的程度。

南阳黄氏还有一员举足轻重的大将，那就是黄忠。在他的传记里写得很清楚，黄忠，字汉升，荆州南阳人。初平三年（192），黄忠被任命为中郎将随刘表的侄子刘磐驻守长沙郡防御江东。

荆州南阳黄氏多出名将，而且专门钳制江东，从北到南，依次是章陵太守黄射、江夏太守黄祖、守长沙的中郎将黄忠。

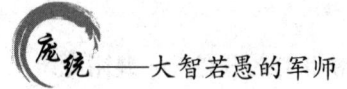庞统——大智若愚的军师

荆州四大家族，三个都与刘表结成牢固的政治联盟，相比之下，庞家就显得很不合群。

刘表也曾多次邀请庞德公这个庞氏宗族的长辈出山，但都被婉拒。庞德公可能并不看好刘表在荆州的发展，认为其势孤力弱，很难长久。因而，庞德公未及时站队提供帮助。

但令庞德公意想不到的是，刘表硬是凭着自己的能力以及众多荆州本地大族的支持，站稳了脚跟，不仅扫平了荆州各地作乱的宗族势力，还多次打退孙坚的进攻，连孙坚本人都死于乱箭之下。因庞德公在政治上的保守，庞氏就此错过了投资刘表"带资入股"的最佳时机，其在荆州的地位也随之下降，实力上也渐渐与另外三家拉开距离。

庞德公很清楚，庞家已经错过良机，即使接受刘表的邀请，也已经在事实上处于下风。刘表的邀请不过是看在庞氏在荆州的地位进行的礼貌性拜访。即使庞德公此时答应出山，他的官职地位也会明显低于另外三家，刘表是不会重用他的，更不会信任他。所以，庞德公只能婉拒，他不得不为当初的保守与对刘表的

错误认知付出相应的政治代价。

因为庞德公不看好刘表的政治前途，导致他本人的仕途也就此被毁。当初，你对我爱搭不理，如今，我叫你高攀不起。庞德公应该很后悔当初的选择，但事到如今，他也只能吞下自己亲手种下的苦果。

庞德公本人在荆州的政治生涯已经结束，但作为荆州大族，为确保宗族的利益，庞家必须在政坛上谋求地位，要有人进入官场，为家族谋利益、求发展。

庞德公只能将希望寄托在青年一辈身上，在族中子弟中，选出一些青年才俊，悉心培养，然后由这些年轻人出山，他则在幕后操控指挥。在当时的政治形势下，这已是庞德公所能做出的最好的筹划了。

那个被庞德公选中的庞氏子弟，就是他的侄子庞统。庞德公为使庞家恢复往日的地位，布下大局。庞统、司马徽，甚至诸葛亮，都是庞德公在幕后的精心安排与筹谋。

诸葛亮的雅号"卧龙"，庞统的雅号"凤雏"，司马徽的雅号

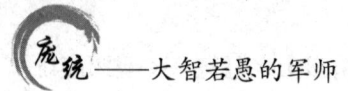——大智若愚的军师

"水镜",皆出自庞德公。他是隐于幕后布局的那个人。

庞统,字士元,荆州南郡襄阳人。青年时的庞统并不知名,甚至一度还被认为有点木讷愚笨。因为史书上对他这个时期的记载只有极为简略的八个字"少时朴钝,未有识者"。古人文言都很含蓄,即便如此,这八个字的评语也已经相当直接,即使平时看不懂古文的白丁也知道这句话的意思,用来评价人不是什么好的词汇。

但从后来庞统表现出的出众才华来看,庞统明显是属于那种大智若愚的类型。他的聪明是深藏在内的,不是浮于表面的像杨修的那种小聪明。真正识人的伯乐,就是能抛去表面看到内在的人。而庞德公就是这类人,他慧眼识珠,发现了这个表面笨拙的侄子其实胸藏锦绣。

在多数人尚未发现庞统的过人才华、对他并不看好时,庞德公却认为庞统是难得的可造之材。

庞德公想要将庞统打造成一个政治新星,一个知名度足够高、影响力足够大、可以代表庞氏宗族在政坛上纵横捭阖的名

南州士之冠冕——襄阳庞统

士。

而此时，庞统最大的弱点就是缺乏知名度，"未有识者"。那庞德公接下来要做的自然就是提升庞统的知名度。

虽然庞德公不在官场，已退居乡野，但地方豪族的影响力还在，地方名士的知名度还在。而且，东汉是一个"士"气高涨的时代，地方名士往往利用其本身的知名度和强大的家族背景以及庞大的宗族势力操纵舆论，进而影响地方官吏的选拔任用。东汉的郡守县令多是下派，在当地缺乏人脉，而这正是地方豪强、名宗大族的优势。

东汉士人喜好品评的风气，源自当时的人才晋升通道——察举制。地方评价是影响官员选拔任用的重要依据。因为做出评价的都不是普通人，他们都是名士，而名士的背后都是地方上的强宗大族。作为下派官员，不能不给名士面子，因此只能做出利益上的让步，以换取地方豪强的实力支持与名士的舆论支持。失去他们的支持，地方官将寸步难行，甚至连官位都坐不稳。

东汉，地方豪强达到极盛，地方的名士清议之风也逐渐蔓延开来，成为全国性现象。名士的清议不是寻常的聚会、简单的闲聊，他们的议论并不单纯，本质上是以家族实力为后盾，以名士清议的方式对地方士人的德行操守进行品评鉴定。

而地方官会以这些品鉴为依据，将人才划分为三六九等，以其评议的等级分别加以任用。地方豪强就是通过名士清议，通过知名士人的品鉴来操控地方。虽然郡守是一郡之长，但郡守的僚属如功曹等官职往往都由本地的大族子弟出任。

地方官员只有与当地豪强紧密合作、深度绑定，才能履行职责，发号施令。而地方豪强也只有通过进入郡县才能有效保护家族在当地的利益。而他们合作的重要纽带就是地方名士对意欲出仕的士子的品鉴。越是名士、知名度越高，做出的品鉴就越有说服力、越具权威性。

即使是勋贵子弟，也不例外，也不能免俗。当时最知名的品鉴专家是豫州汝南郡的许劭许子将，每月初一，他都会与堂兄许靖一起评论世人，褒贬时政，时人称之"月旦评"。

当时清议之风大行其道，全国各地都有这类以品鉴知名的地

南州士之冠冕——襄阳庞统

方名士，但尤以汝南的许劭、许靖的"月旦评"知名度最高、影响力最大，堪称"业界翘楚"。全国各地慕名而来求其品鉴的士子络绎于途，其中不乏贵胄子弟。即使这些人门第显赫，颇有权势，也不得不屈尊降贵，来求许劭给个好评。

众多来求品鉴的人，从贩夫走卒到世家子弟，应有尽有，不管这些人之前的名声行迹如何，只要能得到许氏兄弟的好评，立即就能声名大噪，显名当世。很多人因为得到许氏兄弟垂青，受到好评而声名鹊起。

不仅全国士子慕名而来，蜂拥而至，许多世家子弟、朝廷显贵也纷纷前来求好评，这其中就有曹操。

曹操的父亲曹嵩是当朝太尉，虽说是花钱买来的，但那也是位列三公的高官。以曹操的家世背景，即使不求声名，凭借曹嵩在朝廷的人脉，曹操也能顺利步入仕途。但曹操出于对其家世的羞耻，反而比普通人更注重名声。

熹平三年（174），弱冠之年的曹操被举孝廉入仕，这一点也不奇怪，这是当时世家子弟进入官场的常规途径。孝廉只是名

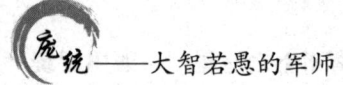

称，并不关乎实质，也许设立之初，朝廷确实想招孝子廉吏入仕为国效力。但在具体实行时，如何操作，权力都在下面的官员。官员利用手中的权力，以权谋私，进行各种政治交易，久而久之，举孝廉就成为权贵阶层送子弟进入官场的寻常方式。

百姓对这种滥用职权的行为极其痛恨，但又没有办法，只能编出民谣，加以讽刺，发泄心中的愤懑情绪：

举秀才不知书，

举孝廉父别居。

寒素清白浊如泥，

高第良将怯如鸡。

以曹操的家世，他能被举孝廉在意料之中。权贵子弟的起点，是大部分普通百姓终其此生也难以到达的终点。

阶层在那个时代就是如此固化。

司徒乔玄作为世家长辈及官场前辈对曹操这个后辈极为欣

赏，多有指点。作为新人，长辈的关爱及前辈的指教是成长路上极其重要的，可以让他们少走弯路，避开险坑。

乔玄建议曹操去拜访"月旦评"的主持人许劭，请这位名士给他一个上佳的评价，这对曹操的仕途将大有好处。

曹操依照前辈的指点，找到许劭。谁知，许劭对这位贵胄子弟一点面子也不给。大概是因为许劭听说了曹操在京师雒阳干的那些事。

众所周知，年少时的曹操是个沉迷于飞鹰走狗、放荡不羁的少年，干过很多为正人君子所鄙视的龌龊事件。当时，曹操身边还有一个与他形影不离的玩伴——袁绍。这两位公子哥儿干过的最出名的事就是偷新娘子。趁人家娶亲，这两位世家子弟把新娘子给偷偷地背了出来。曹操和袁绍的胡闹，大多类此，他俩在雒阳城里很有名，当然不是什么好名，是著名的"鸡飞狗跳"二人组，因此曹操的名声不是特别好。这也是乔玄让曹操来找许劭求名的原因之一。

许劭是全国闻名的专业品鉴名士，对京师雒阳世家子弟的所

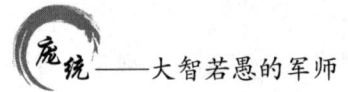

作所为自然是知晓的,对曹操的那些妄作胡为的事迹自然也是略有所闻。

因此,当曹操表达出想请许劭对自己作出品鉴的请求时,许劭想都未想就加以婉拒。作为"月旦评"的策划者及组织者,许劭对自己的名声及做出的鉴定是极为看重的,这是他安身立命的根本。

曹操的"声名在外",可以说是声名狼藉。许劭可不想砸自己的招牌。但曹操此来是势在必得,既然来了,就必须有所得才行。

见礼请不被待见,曹操终于露出流氓本色,强行要求许劭给他好评,要不然就会给许劭好看。

许劭被逼得没有办法,最后只能极不情愿地给出一个评价,就是大家熟知的那句评语,"治世之能臣,乱世之奸雄"。寓褒于贬,寓贬于褒,能进能退,留下充足的转圜余地。许劭的这个评语可以说是极具水平。但没人会想到,世人熟知的评语,居然是被逼出来的。

南州士之冠冕——襄阳庞统

曹操当然能看出许劭在评语中的那点小心思，不过，他不以为意，看起来他对这个评价也并不懊恼，相反，还颇有点得意。

心满意足的曹操走了。他要去践行他的奸雄之路，因为即将到来的是乱世，治世的路走不通，曹操做不成能臣，只能做奸雄了。

曹操有乔玄指点迷津，庞统也有他的指路人。这个人当然就是庞德公。

连贵胄子弟太尉的儿子曹操都需要名士的品鉴来提高声誉，博得名声，为仕途铺路。白衣之身的庞统当然更需要名士的品评赞誉获取知名度。

在庞德公的指点下，庞统前去拜访另一位知名的品鉴专家颍川名士司马徽。司马徽，字德操，豫州颍川人。由于司马徽年纪比庞德公小，因此视庞德公为兄长。

东汉的政治经济文化中心在北方，北方的中心集中于三地——汝南、南阳与颍川。

东汉名士十之七八都出自此三地，汝南、南阳与颍川也成为

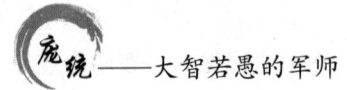

名副其实的名士之乡。名士集中的地方,也是世家大族聚集的地方,更是人才聚集的地方。能欣赏名士的必然是名士,能品鉴名士的自然也是名士,而且是名士中的名士。

汝南品鉴名士的代表是许劭。

南阳品鉴名士的代表是庞德公。

颍川品鉴名士的代表是司马徽。

然而,董卓弄权,中原大乱,大批北方名士不得不逃离家乡南下避难。汝南名士许劭去了江东,并最终死在那里。颍川名士司马徽来到荆州襄阳避乱,在这里与庞德公相识,因志趣相投,品好相类,结为至交。

司马徽与庞德公情谊深厚不分彼此。他们有多熟呢?讲一件小事,大家便能明白。一次,司马徽突然造访庞德公,适逢庞德公外出未归。如果是普通交情,遇到这种情况,通常也就打道回府了。但司马徽跟庞德公不是普通交情,于是,司马徽也不用通报,直入其家,还大呼庞德公妻子,叫人家出来给他预备饭食。

司马徽如此不见外,可见,他跟庞德公的交情非同一般。

南州士之冠冕——襄阳庞统

要知道，古代男女有别，女眷通常不见外客，尤其当客人是男宾时，女眷是不出来的，能进入家里见其女眷的宾客，都是至交好友。书香门第，尤重礼仪，庞家是荆州大族，诗书传家，就更是如此。司马徽能与庞德公不拘常礼，直呼其妻，就显得更为难得，也说明他与庞德公的交情之深。

待饭菜做好，庞德公也回来了。然后，不可思议的剧情再次上演，司马徽上前招呼庞德公入席开宴，其间谈笑风生，给人的感觉，好像他才是主人，庞德公是客人。

虽然庞德公与许劭、司马徽皆为品鉴士人的名士，但名士与名士之间也是有差别的。许劭许子将是天下知名的名士，不然曹操也不会亲自造访，只为求一个好评，即使得到的是"乱世之奸雄"的评语，依然心满意足。由此可见，许劭在当时的地位及影响。

司马徽也是品鉴名士，但相比许劭，他的名气、影响都要逊色很多。

庞德公比之司马徽又相差甚远，他的影响仅局限于荆州。

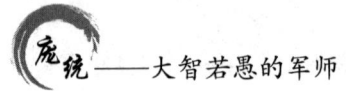——大智若愚的军师

为庞家的政治利益,庞德公急需扶持庞氏的后起之秀庞统上位。尽管他在荆州很有名望,但推荐自己的侄子,多少还是会引人议论的。

汉朝有避籍制度,本地人不准在本地做官,想做官只能去外地。官员避籍出现在汉朝一点也不令人意外,相反,这是意料之中的事情,因为汉朝是中央集权的大一统国家政权。

中央集权的郡县制王朝,必须做到集权于中央,限制甚至压制地方。只有地方弱了,中央才会强。而当地方强起来的时候,中央必然变弱。二者是相互制衡、此消彼长的关系。

总有人说,汉以强亡,此言差矣。汉的衰亡正是因为地方强而中央弱,长此以往,中央便失去对地方的掌控。当中央衰弱到一定程度,亡国便不可避免。

取消封建,实行郡县,是大一统的中央集权国家的必然选择。但仅仅如此,还远远不够,郡县长官的任免权也必须归中央掌握,才能真正掌控地方。军权、财权、人事权是君权的三大来源。

南州士之冠冕——襄阳庞统

君主掌握对郡县官员的任免权,才能真正掌握这个国家,这个时候,他必然会选择从外地调入的官员去郡县任职。如果用本地人,那么这些职位势必会被地方豪强占据。若地方豪强出任本地郡县守令,那与封建又有何区别?要想确保中央对地方的稳定控制,就必须实行官员的异地任职,而要确保这些举措能被长期执行,只能将其制度化,这就是汉朝避籍制度设置的初衷和由来。

汉朝能数百年长盛不衰,以强汉之威震慑四方,成为数千年来令中国人最为骄傲自豪的朝代之一,与汉朝推行的一系列加强中央集权的制度密不可分,而官员避籍制度就是其中之一。

魏晋南北朝时,王纲失序,制度混乱,地方豪强因势而起,趁机坐大。官员避籍制度被取消,地方官长都是豪强出身,朝廷反而只能派遣属吏,希望以此限制树大根深的地方官员,实际上却限制不住。几乎不受制约的地方豪强在成为本地官员后,解除避籍制度束缚,开始野蛮生长,于是影响中国历史数百年的门阀士族最终形成。

门阀士族起于魏晋，大盛于南北朝，至隋唐而达于极盛。其间，朝代更替，北方少数民族南下，神州陆沉，门阀士族却几乎不受影响。他们以血缘姻亲结成政治联盟，把持朝政，享尽富贵。

然而，盛极必衰，黄巢起义，攻入长安，"天街踏尽公卿骨"，将门阀士族斩杀殆尽。此后历代王朝吸取教训，从唐宋到明清，官员避籍制度越发完备，并被执行得十分彻底。

东汉清议之风盛行，也与官员避籍制度有关。正因为地方豪族不得出任本地官员才有名士的相互品鉴。上有政策，下有对策，名士的清议品鉴就是既要打破制度壁垒又要实现豪族在本地的政治利益而产生的现象。

名士品鉴是地方豪族入仕的主要途径，如同官员需要避籍，名士品鉴也要避嫌。庞德公虽在荆州颇具名望，但推荐自己的侄子，还是会招致议论。所以，这项工作只能交给外人来做，比如交给与他相交甚厚的司马徽就是一个十分实际又十分现实的选择。实际上，官场之中，这种做法早已十分普遍，官员之间相互

南州士之冠冕——襄阳庞统

关照，你在任上提拔我的子侄，我去你的家乡做官也起用你的子弟。地方清议也是如此。

颍川名士司马徽流落荆州，自然需要当地大族襄阳庞氏的庇护和关照，司马徽对庞氏自然也要投桃报李。而身为名士，拥有话语权的司马徽，最大的优势就是品鉴之名。对此，双方心照不宣，心有灵犀。

庞统去拜访司马徽时，司马徽正在树上采桑叶。于是，庞统就站在树下，与之交谈。两人一个在树上一个在树下就这么从白天一直聊到红日西沉。司马徽对庞统的评价甚高，称其为"南州士之冠冕"。有庞德公在幕后的造势运作，加上司马徽的名士好评，庞统声名鹊起，知名度和关注度很快都有了。

山雨欲来风满楼——赤壁之战前的荆州

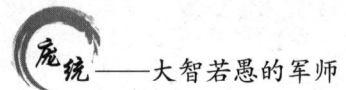

庞统——大智若愚的军师

司马徽与庞统的采桑之会，令庞统声誉倍增，但仅仅有声名是远远不够的，而且仅靠庞统也是不行的。

尽管庞统的背后有整个庞氏宗族做后盾，但仅有庞统冲锋在前仍显得势单力薄，有"凤雏"的地方必有"卧龙"。

庞德公也未想过让庞统孤军奋战，他早就想好了办法，那就是强强联合，襄阳庞氏与南阳黄氏联合，携手共进。"卧龙"诸葛亮即是南阳黄氏的代表，他的地位与将要发挥的作用与庞统相当。之所以说诸葛亮能代表南阳黄氏，是因为诸葛亮迎娶的是黄承彦的女儿黄月英，诸葛亮是南阳黄氏的女婿。

荆州四大家族之间也存在亲疏远近。这其中，蔡氏与蒯氏走得很近，而庞氏与黄氏则更为亲近。最明显的证据就是，之后他

山雨欲来风满楼——赤壁之战前的荆州

们分别走上完全不同的道路。

赤壁之战后,蔡氏与蒯氏北归投靠曹操。庞氏与黄氏则南下投奔刘备。降曹的蔡氏、蒯氏在魏国朝廷缺乏存在感,但在荆州地区的家族利益得以保留。因为荆州最富庶的南阳郡及南郡的襄阳都在后来的曹魏版图之中。庞氏与黄氏大部分追随刘备去了蜀地。襄阳庞氏的归属最耐人寻味,庞统随刘备入蜀,战死蜀地。但庞德公的儿子庞山民选择降曹,后来在魏国做官。

庞氏与黄氏联系的纽带靠的还是传统的姻亲关系,具体来说,是一个人——诸葛亮。

有"卧龙"的地方也必有"凤雏"。因为二者都是庞德公极力推崇的青年才俊。"卧龙""凤雏"都出自庞德公的筹谋。

从一开始,"卧龙"与"凤雏"就是相伴而生的。庞德公的目的就是要将两个宗族进行政治绑定,共同进退,而诸葛亮是最合适的人选。

诸葛亮娶的是南阳黄氏黄承彦的女儿黄月英。诸葛亮的二姐嫁的是庞德公的儿子庞山民。诸葛亮与庞、黄两家皆是姻亲。

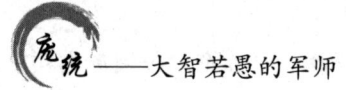
庞统——大智若愚的军师

诸葛亮的背后是庞氏、黄氏两大家族。表面上看是两家，而实际上是四家。

诸葛亮的大姐嫁给了蒯氏家族的蒯祺。诸葛亮的岳父黄承彦的妻子蔡氏与刘表的后妻蔡氏是姐妹。也就是说，诸葛亮与荆州四大家族都有姻亲关系。

既然已经知道"凤雏"庞统的来历，那么"卧龙"诸葛亮的身份自然也要介绍，尽管大家对他已经十分熟悉。

诸葛亮，字孔明，徐州琅琊郡阳都县人。父亲诸葛珪做过兖州泰山郡的郡丞。诸葛珪是徐州琅琊郡人，但因官员避籍制度，只能去相邻的兖州泰山郡做官。

诸葛亮的童年是充满苦难的，三岁失母，八岁丧父。幼失双亲已经是人生的大不幸，偏偏又逢乱世。

屯兵兖州的曹操与占据徐州的陶谦又因抢夺地盘而大打出手。徐州连遭兵火，不得已叔父诸葛玄便带着诸葛亮、诸葛均以及两个侄女南下避乱。诸葛玄因与袁术有旧，被袁术任命为豫章太守。

山雨欲来风满楼——赤壁之战前的荆州

于是,诸葛玄带着侄子、侄女到豫章赴任,却不料朝廷已经另行委任朱皓为豫章太守。幸而,诸葛玄与荆州牧刘表也是旧相识,相交甚厚。于是,诸葛玄便带着孩子们来荆州投靠刘表。

诸葛氏在琅琊当地本就不是豪门,只是普通的世家,更何况此时流落他乡。但幸运的是,刘表对待故人很好,证据就是诸葛氏成功地与荆州大族蒯氏、庞氏联姻。

古代婚姻讲究门当户对,大族尤重门第。琅琊诸葛氏在当地本非豪门,流落荆州后更是家道中落。荆州大族蒯氏与庞氏却愿意与诸葛氏结亲,这背后当然离不开刘表的身份加持。从而可知,诸葛玄与刘表的关系,必然非同一般。

最终,在诸葛玄的主持下,诸葛亮的大姐嫁给蒯氏家族的蒯祺,二姐嫁给庞氏家族的庞山民。诸葛氏在荆州的地位也由此确立。

相比之下,人们更为熟知的其实是诸葛亮的婚姻。

在当时,诸葛亮娶妻一事曾在荆州轰动一时,成为街谈巷议的热门话题。

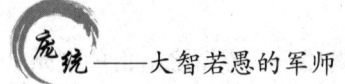
庞统——大智若愚的军师

《三国志·诸葛亮传》记载:"亮少有逸群之才,英霸之器,身长八尺,容貌甚伟。"才学出众、相貌堂堂的诸葛亮,自然引来四方注目。

黄承彦本着先下手为强的原则,主动登门抢女婿。黄承彦对诸葛亮说:"闻君择妇,家有丑女,黄头黑色,而才堪相配。"意为,听说你要娶媳妇,我家有个丑女,头发枯黄,面色黝黑,但是才德与你相配,不知君意如何?诸葛亮表示愿意。黄承彦大喜过望,当即将女儿黄月英用车送到诸葛亮家,生怕诸葛亮反悔。诸葛亮与黄月英,就这么结成姻缘。

此事在荆州特别是襄阳一带迅速传开,成为当地百姓茶余饭后津津乐道的谈资和街谈巷议的热门话题,更有好事者将这桩婚姻编为民谣,四处传播。民谣是这么说的:"莫作孔明择妇,正得阿承丑女。"

这个故事记载在《襄阳记》里,很有故事性,传播很广,几乎所有写诸葛亮婚姻的书都会写到,但是,这个记载很可能只是故事,可信度存疑。

山雨欲来风满楼——赤壁之战前的荆州

诸葛亮与黄月英的婚姻是典型的大族联姻，两人的结合，不仅是两个人的事，更涉及两人背后的家族利益。特别是黄承彦所在的南阳黄氏是地方大族、荆州四大家族之一，名副其实的豪门。豪门之间的婚姻在意的是门第等级、身份地位，至于两位新人的美与丑，不在考虑范围之内。

这点可以用之后的门阀世族的婚姻做比较，因为二者一脉相承。此时正是门阀世族的萌芽时期，隋唐则完全进入了由门阀世族主导的社会。

门阀世族最看重阀阅门第，因为这意味着身份与等级。他们考虑婚姻时，只看这些，至于娶的媳妇、嫁的女婿是丑还是美，他们既不关心，也不在乎。真正的世家才不会在意这些，在乎这些的都是普通的市井小民、布衣百姓。唐太宗时的名臣魏徵，官位够大，地位够显赫吧？他想为儿子娶"五姓七望"门阀世族家的小姐，可人家不愿意，因为嫌弃他的门第。大族联姻，讲究门当户对。大家闺秀不会下嫁，她们只进豪门。虽然，魏徵本人在朝中地位很高，但其家族地位很低。魏徵希望与"五姓七望"这

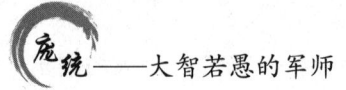

些高门大族联姻，目的就是提升其家族的门第。

南阳黄氏是荆州的豪门大族，婚嫁是大族维系利益、保持身份地位的重要方式，岂会如此草率？还主动送上门，想都不用想，就知道是编造故事。

诸葛氏在荆州声势有限，但背后有蒯氏、庞氏这些姻亲，又与刘表关系密切，这些因素都是黄氏考虑的，更重要的是诸葛亮本人才学出众，能被庞德公看中的人，自然是十分优秀的人才。南阳黄氏更看重的是诸葛亮本人的巨大的发展潜力。两家的联姻不是一厢情愿，而是强强联合，双向奔赴的婚姻。

诸葛氏与蒯氏、庞氏的联姻，是在诸葛亮的叔父诸葛玄的操办下进行的。诸葛亮娶亲时，诸葛玄早已去世，但诸葛亮依然受到来自长辈的关照爱护，这个呵护诸葛亮的长辈就是庞德公。黄氏愿与诸葛氏结亲，应该也是看重这层关系。

庞德公是荆州名士，极具声望。诸葛亮是从徐州来到荆州的青年才俊，常去他家拜访，以晚辈之礼相拜。庞德公起初欣然接受，对诸葛亮很是欣赏器重。之后，两家结为姻亲，加上庞德公

山雨欲来风满楼——赤壁之战前的荆州

越发认识到诸葛亮的才干,就不让诸葛亮行大礼了。

庞统与诸葛亮都是庞德公亲自选定的青年才俊,承担着日后复兴庞氏的重任。

如何复兴庞氏在荆州的地位?当然是从政。但是鉴于庞德公与刘表的微妙关系,加之庞统与诸葛亮还只是年轻后辈,尽管有庞德公、司马徽等人的极力推崇,但在荆州的士大夫阶层,影响力依然有限。

而且,庞德公本人的政治作风也趋向于保守,要不是他偏于保守,也不会与刘表关系这么僵。因为与刘表的不咸不淡的关系,庞德公在庞统与诸葛亮出仕时机的选择上更为慎重。越是寄予厚望,越是小心谨慎,这大概就是庞德公对庞统与诸葛亮入仕上的心理。他已经失败过一次,为了整个家族的利益,他不可再错。因为这些因素,庞统、诸葛亮虽身负大才,却长期远离庙堂。

刘表掌权,庞德公不敢轻易行动。他只能将家族的命运押在刘表的儿子身上。荆州牧刘表有两个儿子,长子刘琦、次子刘琮。从后来诸葛亮为刘表长子刘琦出谋划策的事情上看，庞氏可能更倾向于刘琦，而不是刘表的次子刘琮。这就使荆州四大家族之间形成立场不同的两大阵营。因为蔡氏是支持刘琮的。原因也很简单，刘琮迎娶的是刘表后妻蔡氏的本家侄女。刘琮以政治联姻的方式与蔡氏宗族深度绑定，从而赢得蔡氏的全力相助。

在选谁当接班人的问题上，刘表也陷入同袁绍曾遇到过的相似的困局。

起初，刘表可能属意于刘琦，毕竟他是长子。但随着刘琮迎娶蔡氏家族的姑娘，蔡氏力挺刘琮。而蔡氏是荆州最具实力的世家大族。即使是荆州牧刘表也要看蔡家的脸色。因为刘表本人缺乏实力，主要依靠四大家族，而蔡氏居于荆州四大家族之首。由于这个原因，在确定接班人的问题上，刘表必须取得蔡氏的支持，听取其意见。而蔡氏的态度其实不用问询也能知道，他们早已选定刘琮。

进入建安时期，特别是曹操击败袁氏统一北方之后，刘表立接班人的事情便迫在眉睫。

山雨欲来风满楼——赤壁之战前的荆州

刘表出生于汉顺帝汉安元年（142），到汉献帝初平元年（190），董卓上书请立刘表为荆州刺史时，刘表已经年近半百了。

建安十二年（207），刘表已经六十六岁了，且身患重病，已是油尽灯枯。

建安十二年（207）对于荆州是极不平凡的一年，也是极其重要的一年。

这年曹操彻底扫平袁氏在北方四州的势力，统一北方。

也在这年，徐庶、司马徽先后向刘备推荐诸葛亮。

于是，刘备三顾茅庐亲自到隆中请诸葛亮出山辅佐自己。

第二年，即是决定天下大局走向的赤壁之战发生的建安十三年（208）。

徐庶、司马徽为何在建安十二年（207）向刘备推荐诸葛亮？为何不是之前或之后？这个时间是偶然的，还是特意的？因为建安十二年（207）是最合适的时间，太早有顾虑，太晚来不及。三顾茅庐发生在这一年并非偶然，而是人为因素作用，有意设定。这是荆州各方政治势力相互博弈后的必然结果。

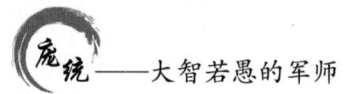

难道你真的相信徐庶与司马徽不约而同地向刘备推举诸葛亮是心有灵犀？这是有人特意为之。这个在幕后制定策略的人大概率是庞德公。建安十二年（207），庞德公很可能已经故去，但整个布局是出自他的谋划。

因为刘表才是荆州之主，刘备是客居荆州、寄人篱下，不得不看人脸色，小心从事。只要刘表还主政荆州，刘备就不敢公开在荆州招贤纳士、扩充势力，因为这样做势必会招来刘表的猜疑和嫉恨。刘备那么聪明的人，不会干这种蠢事。同理，家大业大、又在荆州本土的各大家族，也不敢与刘备走得过近。交往肯定是有的，但大多只是场面上的礼仪性社交，谈不上过从甚密，因为双方都需要照顾到刘表的感受。

这也是为何建安六年（201）刘备就已经来到荆州，三顾茅庐却发生在建安十二年（207）。因为建安六年（201）刘表当权，而建安十二年（207）刘表已经卧病在床，在事实上已经失去对荆州局势的掌控。

如果刘表还能管事掌权，三顾茅庐的时间，可能还要推后。

山雨欲来风满楼——赤壁之战前的荆州

诸葛亮其实是黄、庞两大家族的代表。刘备很清楚这点,所以,当徐庶、司马徽向刘备推荐诸葛亮时,刘备才会欣然接受,主动登门拜访。三顾茅庐,表现的是对诸葛亮的求贤若渴,更是在向黄、庞等荆州大族表示亲近、展示合作的诚意。

刘备请诸葛亮出山是求贤,更是寻求荆州大族的支持。

徐庶向刘备推荐诸葛亮,可能是出于私人情意,但以司马徽同庞家的亲密关系,司马徽荐贤的背后明显是荆州大族的意思。

刘备在荆州时的三大谋士徐庶、诸葛亮、庞统,他们投奔刘备的顺序与他们荆州当地大族的紧密程度呈现出明显的关联。

徐庶,豫州颍川人,是从北方南下避乱的士人。他既不是荆州本地人,与当地的荆州豪门大族也没有多少关联,是纯粹的外来者。刘表对这类人只提供最基本的庇护,对这些人的去向,既不关心,也不在乎。刘备急需人才,但他不敢在荆州大张旗鼓地招揽本地人才,只有徐庶这类流落他乡的士大夫,刘表不会在意,刘备才能将其招致麾下,引为心腹。

诸葛亮,徐州琅琊人,也是从北方南下的士大夫,但诸葛氏

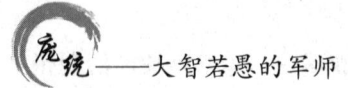

通过联姻，已经与荆州四大家族进行深度绑定。诸葛亮的行动代表的是与之相关的荆州大族。即使诸葛亮不明言，别人也会这么解读。因为诸葛亮与四大家族的关系非同一般，在荆州是人所共知的事实。诸葛亮虽然与四大家族联系紧密，但又不是四大家族的人，至少表面上不是，因此诸葛氏在荆州仍有相对的独立性。

正是出于这种考虑，建安十二年（207），诸葛亮才会出山辅佐刘备。因为这个时候，刘表已经掌控不住局面。后面只能有两种结果，要么刘表还会主政荆州；要么刘表病死，他的接班人接管政权。

若出现前一种可能，黄、庞两大家族也有转圜的余地，因为诸葛亮虽是他们的女婿、姻亲，但与黄、庞两家亲自出面还是有区别的。诸葛亮代表的是他自己，黄、庞两家依然可进可退。也是出于这种考虑，所以，庞家的代表庞统才未出仕，仍留在家族，观望形势。

庞统，荆州襄阳人，正因为他是荆州本地人，又是四大家族的人，所以，他不能轻易表态。在荆州前途未定之时，他也不便

山雨欲来风满楼——赤壁之战前的荆州

于投奔刘备,即使他想这么做,也只能暂时等待,因为需要顾及家族在荆州的利益。

若出现后一种可能,黄、庞两家也早有准备。那就是由诸葛亮出面,劝刘琦去江夏。刘表帐下掌握兵权的两员大将分别是留在政治中心襄阳的蔡瑁和驻守江夏防备江东的黄祖。换言之,襄阳是蔡氏的大本营,而江夏则是黄氏的根据地。基于实力说话的道理,古今通用。

其实,刘表对于如何选定继承人尚在犹豫之际,有人已经替他做出了选择。帮他做选择的就是他的后妻蔡氏和妻弟蔡瑁。到了建安十三年(208)的年初,病重的刘表已经完全落入蔡氏和蔡瑁的掌控之中,此时在襄阳发号施令的人其实是蔡瑁。

而最先感受到威胁的是刘琦。因为蔡瑁力挺的人是刘琮,所以蔡瑁得势,第一个感到不安甚至危险的就是刘琦。

对眼前的局势,刘琦十分清楚,但他又想不出切实有效的对策,只好去找刘备问计。从这也能看出,刘琦与刘备的关系非常亲近。但刘备在荆州的身份很敏感,加上刘琦是敏感人士,问的

庞统——大智若愚的军师

又是敏感问题。刘备不好正面回答,只能让刘琦去问诸葛亮。

于是,刘琦向诸葛亮请教。这个问题,诸葛亮也不便回答。因为对诸葛亮而言,这也是敏感问题。但刘琦并不灰心,性命攸关,他必须得到答案。刘琦邀请诸葛亮到府中,设宴款待,而酒席设在后院的高楼之上,这么做的目的,当然是避人耳目,防人探听。酒席宴上,宾主寒暄之际,刘琦令人将外面通往楼上的楼梯悄悄撤去。

刘琦对诸葛亮说:"今日上不至天,下不至地,言出子口,入于吾耳,可以言未?"事已至此,刘琦又是真心求教,诸葛亮只好说:"君不见申生在内而危,重耳在外而安乎?"一句话点醒梦中人。刘琦立刻就明白了诸葛亮的话中之意。

蔡瑁手握襄阳兵权,如今的襄阳已是蔡氏的地盘,而刘琦作为刘琮的竞争对手,留在这里十分危险,随时都可能遭遇毒手。而镇守江夏的大将黄祖刚刚在与江东的作战中阵亡,江夏急需人去坐镇,这是最好的脱身之机。而且,江夏有黄祖留下的部队,即使刘琮在襄阳接班,他去江夏也有实力与之对抗。留在襄阳是

山雨欲来风满楼——赤壁之战前的荆州

死路一条，去江夏才有生机。

于是，刘琦主动申请去江夏，这个请求顺利得到批准。而准许刘琦去江夏的，很可能不是刘表，而是刘表的后妻蔡氏和妻弟蔡瑁，因为病重的刘表事实上已被蔡氏控制起来。

蔡氏之所以同意刘琦去江夏，也是希望为刘琮继位扫平道路。尽管襄阳已是蔡氏的地盘，但刘琦作为刘表的长子，在整个荆州依然拥有很高的威望。刘琦、刘琮二子争位已有多年，军中的将领也分成两派，有的支持刘琮，有的支持刘琦。荆州的四大家族也同样分成两派，蔡氏、蒯氏站队刘琮，黄氏、庞氏站队刘琦。蔡氏的军队主要在襄阳，黄氏的军队则集中于江夏。

站在蔡氏的角度，放走刘琦，可以减少风险，使刘琮顺利接班。刘琦出走江夏，可以使他们减少很多麻烦。他们当然清楚，刘琦这是要去江夏掌握部队，到时再与他们争夺荆州。但江夏一直以来都是南阳黄氏的势力范围，江夏的事情，蔡氏插不上手，荆州在事实上早就分裂成两派。

随着刘琦来到江夏，在襄阳以蔡氏为后台的刘琮，在夏口以

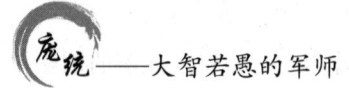
庞统——大智若愚的军师

黄氏为后盾的刘琦，正式形成泾渭分明的两大阵营。

三顾茅庐为何会发生在建安十二年（207）？就是因为荆州政坛即将发生巨变。曹操统一北方后必然南征。刘表病重，刘琦与刘琮的夺位之争也必然会发生。

蔡氏、蒯氏是亲曹派，对未来的出路，他们早就想好了。只要曹操南下，他们就投降。想好出路的他们自然心态平和不焦虑。真正焦虑的是黄、庞两家。蔡氏、蒯氏支持刘琮，亲曹。黄氏、庞氏力挺刘琦，就只能抗曹。而要抗曹，在荆州，他们也只能投靠刘备。

于是，作为黄、庞两家的代表，诸葛亮率先出山。而庞统作为庞氏新一代的领军人物，在站队上必须慎之又慎，因为他代表整个庞氏，一旦站好队就没有退路。所以，庞统仍然不动，观望形势。

荆州的争夺，表面上是刘琮与刘琦的争斗，实际上，是曹操与刘备的争锋。

曹操正在准备来荆州的路上，但刘备已经在荆州待七年了。

山雨欲来风满楼——赤壁之战前的荆州

刘备这七年过得相当郁闷。有一个典故，最能反映这个时期刘备的生存状态，十分生动形象，那就是"髀肉复生"。

话说一次，刘表请刘备到府中喝酒。席间，刘备起身如厕，看见自己的大腿上长满白花花的肥肉，一时之间，触动心弦，有感而发，不觉悲从中来，眼泪止不住地流下来。

待刘备回到席上，依然泪痕未干，刘表看到了，感到奇怪，都说男儿有泪不轻弹，更何况是刘备这等大英雄，平时很少会看到他哭，便询问缘故。刘表不问还好，这一问，正好触发刘备的泪点，刘备的眼泪又流下来。男儿有泪，自然是有伤心处。

刘备说之前自己常年在外，南征北战，身不离鞍，髀上不曾有赘肉。如今在荆州数年，久不征战，致使髀里生肉。

说到最后，刘备不由得发出感叹："日月若驰，老将至矣，而功业不建，是以悲耳。"

刘备不想蹉跎岁月，他渴望建功立业。偏偏遇上刘表这个守成之主，不思进取，只想待在荆州，守住这一亩三分地。

曹操北征乌桓讨伐袁尚、袁熙兄弟时，刘备曾劝说刘表趁曹操主力出塞，出兵北进，但刘表不同意。直到曹操远征归来，刘表才心生悔意，找到刘备说，当初未听君言，以致错失良机。刘备还能说什么呢？只能安慰刘表，不必在意，还会有机会的。其实，他们都知道，不会再有机会了，因为曹操的下一个目标就是刘表。

建安十二年（207）冬十一月，曹操远征归来。建安十三年（208）春正月，曹操便在他的大本营邺城开凿玄武池操练水师。

北方既已平定，那么接下来自然要去南征。因此，曹操才会在班师凯旋不久便急不可耐地训练水师。此时的长江以南只有三个诸侯，从东向西，依次是江东孙权、荆州刘表、益州刘璋。而论与曹操的关系，孙权最好，刘璋次之，刘表最差。

再联系之前，曹操与刘表的种种过往。曹操即将发起的南征，要讨伐的是谁，还用猜吗？当然是刘表了。

估计刘表对此也会深表认同，因为这显而易见，世人皆知。此前，曹操只有兖州、徐州、豫州，已经很难对付，如今，曹操又新据有冀州、青州、幽州、并州，实力大增。只有刘表依然如

山雨欲来风满楼——赤壁之战前的荆州

故,只有荆州。

实力相差悬殊,尚未开战,胜负已分。战争十之八九都是靠实力取胜,至于赤壁之战这类以少胜多的战例,在历史上是很少发生的,正因为少,才成为被历史铭记的经典战役。但在大多数时候,战争拼的都是实力,以多胜少才是常情。

刘备知道刘表这个宗室靠不住,想要在这个乱世生存下去,只能自己想办法,招贤纳士,招兵买马,扩充实力。

但问题在于,刘备是客居荆州,他是在刘表的地盘上,所以他招的贤只能是流落到荆州的北方士人,他募的兵也只能是从北方逃难过来的流民。本地的士大夫不敢来,本地的兵刘备也不敢招。因此,最早加入刘备阵营的不是当地大族出身的荆州襄阳人庞统,也不是与荆州大族深度绑定的徐州琅琊人诸葛亮,而是从北方来荆州躲避战乱的豫州颍川人徐庶。

直到刘表再也掌控不住局势,荆州即将有变,诸葛亮才肯出山。而直至赤壁之战后,刘备已经成为荆州牧之后,庞统才来归附。这个先后是不可乱的,也是不会乱的,因为这是必须遵循的

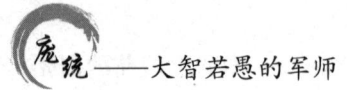
庞统——大智若愚的军师

顺序。

刘备招募北方流民为兵的策略,还是诸葛亮为其谋划的。因为刘备跟诸葛亮都是懂政治的人。

尽管刘备很努力地在扩军备战,但留给他准备的时间真的很有限,因为曹操也是个追求效率的人。

建安十二年(207)冬,曹操远征归来,途经海边,亲见壮丽山河,一时诗兴大发,写出《步出夏门行》组诗,其中,最为有名的就是那首《观沧海》:

东临碣石,以观沧海。水何澹澹,山岛竦峙。树木丛生,百草丰茂。秋风萧瑟,洪波涌起。日月之行,若出其中;星汉灿烂,若出其里。幸甚至哉,歌以咏志。

其实,此时此刻,最能反映五十三岁曹操内心世界的是《龟虽寿》中的这一句诗:

山雨欲来风满楼——赤壁之战前的荆州

老骥伏枥,志在千里;

烈士暮年,壮心不已。

尚未建功的刘备,渴望施展抱负,成就一番伟业。已经统一中原的曹操依然是壮心不已,渴望建立更大的功业,统一中国。

相比刘备与曹操,刘表简直不值一提,也因此,刘表注定守不住荆州。而即将在荆州争锋展开争夺的是刘备与曹操。

"今天下英雄,唯使君与操耳。"

见证周瑜密计——扣押阴谋

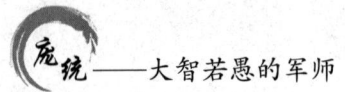
庞统——大智若愚的军师

建安十三年（208）六月，曹操重新恢复丞相制度，并由他本人亲自出任。

七月，曹操率军南征刘表。

曹操早就想南下了，只不过这些年，他一直在与袁氏对峙，实在抽不开身。如今，北方已定，曹操终于有时间来会会多年的老冤家刘表了。

多年来，曹操在与北面袁氏的对抗中，心里始终不踏实，总有种如芒在背的感觉，时常担心被南面的刘表抄后路。所以，曹操最大的对手是袁绍，但最讨厌的是刘表。

不过，曹操紧赶慢赶，还是晚了一步。

刘表真是有福之人。八月，曹操还在南下的路上，刘表就已

见证周瑜密计——扣押阴谋

在荆州病亡。

刘表得以保留最后的体面，未受羞辱。但他的接班人，次子刘琮却躲不过去。

听闻曹军南下，刘琮准备抵抗。

但是手下人都不想抵抗，而是一起劝说刘琮应认清形势，顺应潮流，当举州归附，不可与朝廷作对。

章陵太守蒯越、东曹掾傅巽再三劝说刘琮降曹："逆顺有大体，强弱有定势。以人臣而拒人主，逆道也；以新造之楚而御中国，必危也；以刘备而敌曹公，不当也。三者皆短，将何以待敌？且将军自料何如刘备？若备不足御曹公，则虽全楚不能以自存也；若足御曹公，则备不为将军下也。"

蒯越、傅巽说得很明白，汉献帝在曹操那里，那么曹操此来就是代表朝廷，荆州作为地方怎么能对抗中央呢？曹操已经统一北方，实力强大，仅凭荆州根本不是对手。当然，他们也知道，刘琮想抵抗是因为还有一个指望——刘备。但他们既已决心投降，当然是有备而来。

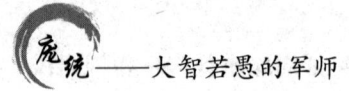庞统——大智若愚的军师

傅巽问刘琮:"将军自以为比刘备如何?"刘琮只能如实回答:"不如刘备。"刘琮比不过刘备,那是世人皆知的事实,傅巽知道,刘琮当然也知道。可傅巽偏偏要明知故问,这哪里是问?他是有意羞辱刘琮,不仅要羞辱,还要令对方不得不当面承认,简直是杀人诛心。

傅巽接下来又说:"如果刘备挡不住曹操,荆州就不是您的。如果刘备能挡得住曹操,那他还能心甘情愿地做您的部下吗?"刘琮这才明白,荆州要么是曹操的,要么是刘备的,但肯定不会是他的。既然如此,还不如早早投降,至少还能讲讲条件。

但是,刘琮投降是秘密进行的,因为他不敢告诉刘备。刘备此时驻军于樊城,与刘琮所在的襄阳仅隔一条汉水。曹操距襄阳尚远,即使曹操的速度向来很快,所谓"说曹操,曹操到",但相距甚远,赶来也需时间。但刘备就不同了,他驻军的樊城与襄阳仅一河之隔。

刘琮担心刘备得知他降曹会攻击自己,简直是在以小人之心度君子之腹。刘备如真想这么做,有的是机会。但刘备是君子,

而君子是有道德操守的。

直到曹操大军将至，刘琮觉得不必担心安全问题了，认为还是有必要通知一下刘备，这才派一个叫宋忠的人去樊城告知刘备。

得知消息，刘备当时就蒙了，随之而来的便是难以抑制的愤怒，刘备说，你们这些人做事也太不地道了，不早告知，大祸临头才来告诉我，太过分了。喜怒不形于色的刘备此时也怒了。

刘备来不及找刘琮算账，只能匆忙组织撤退。有人劝刘备，趁机袭取襄阳。但刘备念及旧情，当初是刘表在他最困难的时候收留了他，如今刘表尸骨未寒，刘备即使对刘琮再不满，也不会攻击刘琮。刘备始终是一位仁义之君。

刘备率领军民渡过汉水南撤，路过襄阳，还想与刘琮当面讲话。只是刘琮自知理亏，始终不敢露面。

樊城、襄阳两城的很多军民都自愿追随刘备南下，尴尬的是刘琮。曹操暴虐，徐州被屠城就在不久之前。刘备仁厚，七年来荆州百姓有目共睹。对比鲜明，人们自然懂得该如何选择，当然是跟着刘备。

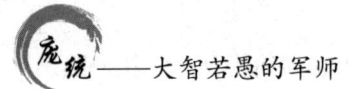
庞统——大智若愚的军师

曹操在收到刘琮降表的同时，也得知了刘备率领荆州军民南撤的消息。曹操知道刘备要去哪里——江陵。刘表这么多年存下的家底，很多都存在江陵。如果让刘备抢先赶到江陵，据有那里的军资粮饷，那将对他攻略荆州大为不利。于是，曹操决定轻装急进，亲率五千轻骑兵，先于大军出发，昼夜兼程，追击刘备。据说轻骑一日一夜急行三百里，要知道，曹操这年已经五十四岁了！

相比之下，刘备率领的军民混行的队伍，因为要照顾老弱妇孺，日行仅十余里。荆州军民一个月走的路，曹军的轻骑兵一天就能到，这还能追不上？不出预料，曹军骑兵很快追杀上来，十余万军民在曹军的冲击下，很快崩溃。曹军追上刘备的地方在当阳的长坂坡，熟悉三国历史的人对这里并不陌生。

疾风知劲草，国乱显忠臣。赵云在长坂坡为保护幼主刘禅，在曹兵的包围之中七进七出，血染征袍，终于杀出重围，保住刘备为数不多的血脉。

张飞当阳桥头一声吼，吓退追兵，虽未扭转局势，但也的确暂时挡住了曹军。

见证周瑜密计——扣押阴谋

刘备仅率诸葛亮、张飞、赵云等数十人突围而出。十余万军民大部被曹军俘获,这其中就包括刘备的两个女儿。刘备尚且如此,其他人的遭遇可想而知。

徐庶的老母亲也被曹军俘虏。徐庶向刘备辞行,手指其心对刘备说:"本欲以此方寸之地与将军共图王霸之业。怎奈今失老母,方寸乱矣,请从此别。"刘备虽心有不舍,也只能由徐庶北去。君臣洒泪分别。

很多人受演义小说的影响,将小说当历史,以至于提到徐庶,首先想到的就是徐庶进曹营———一言不发。而实际上,徐庶后来在魏国仕途颇为顺畅。十余年后,徐庶列名在曹丕篡汉称帝的劝进表上。魏黄初四年(223),徐庶被任命为右中郎将、御史中丞。

即使未与老母亲失散,徐庶大概率也会北归。因为徐庶的家乡在豫州的颍川郡,他的师友亲朋大多也都在北方。

当时的人乡土观念很重,这一方面是因为古人眷恋家乡,另一方面也是因为他们的发展离不开家乡。他们的亲人朋友,他们的人脉,尽在故乡。那是宗族强盛的时代,个人的发展需要依赖

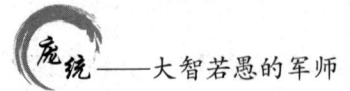
庞统——大智若愚的军师

宗族,宗族是他们的依靠,也是他们的后盾。

徐庶只是因为战乱才流落到南方,随着曹操统一中原,北方的战乱结束。重返家乡是众多士大夫的集体选择。

诸葛亮在荆州时的好友豫州颍川人石韬、徐庶,豫州汝南人孟建,先后返回北方,留下来的只有诸葛亮。

徐庶与刘备虽有情谊,相处融洽,但徐庶最终还是决定回到北方。而刘备尊重徐庶的选择,因为这种情况在刘备身上已经发生过多次。刘备投奔公孙瓒时,幽州渔阳人田豫便追随在他的左右。后刘备被陶谦表奏为豫州刺史,刘备率部离开幽州前往豫州小沛。田豫是幽州人,不愿远离故土,以老母亲在家不便远行,向刘备辞别。刘备舍不得田豫,但也理解田豫的苦衷,忠孝难两全,最后,只得与田豫涕泣分别。惜别之际,刘备颇为动情地说:"恨不与君共成大事也。"如果刘备仍在幽州,田豫肯定会一直追随。

刘备之于徐庶,正如刘备之于田豫。刘备在豫州时,陈群也曾为其属下。刘备在徐州时,陈登也曾竭力拥护。但当刘备离开时,他们都未追随,而是选择留下。因为陈群、陈登都是世家子

见证周瑜密计——扣押阴谋

弟,他们的家族在当地颇具实力,树大根深。他们是不会轻易迁移的,他们的势力在故乡。如麋竺那般为刘备倾尽家资的,永远都是少数。所以说,麋竺对刘备才是"真爱"。正因为少,才显得更为珍贵。后来蜀汉建国,刘备对麋竺的宠遇最厚。

庞统的情形与陈群、陈登极为相似。作为荆州庞氏的政治代表,庞统在赤壁之战前,一直都在观望。刘备南走,曹操南下,庞统都留在荆州,待在襄阳,始终未动。这是世家大族遭遇变乱的常规操作,因为家大业大,不敢轻动。时机不成熟,不敢轻易站队。

徐庶告辞,庞统观望,只有诸葛亮忠心追随。刘备赶到江夏与刘琦会合,这时这对叔侄面临的形势相当艰险。

荆州大部已随刘琮降曹,北面是强敌曹操。与荆州相邻的江东也是敌人,年初才打过一仗,东面的孙权也是仇敌。刘琦的江夏军只有一万人。刘备经历当阳大败,收拢的溃兵加上关羽水军也只有一万多人。叔侄的兵力合在一起也只有两万,而仅随刘琮降曹的荆州兵即有七八万,曹操率领的北方军队也有十五六万。

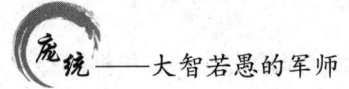
庞统——大智若愚的军师

刘琦、刘备对阵曹操、刘琮,兵力是两万对二十万,一比十的差距,对手又是曹操。仅凭这对叔侄,以现有兵力是看不到胜利的希望的。

可行的办法只有寻求外援,而这个外援只能是江东的孙权,因为有实力又有意愿卷进来的只有江东。孙权表面上与曹操关系很好,却与荆州关系很差。

幸好,江东的有识之士鲁肃看出曹操雄心勃勃,想要的不仅是荆州还有江东,便说服孙权前往荆州探察虚实,必要时可以联合刘备共同抗曹。这给困境中的刘备阵营带来希望。孙权也明白曹操的胃口很大,荆州曾经是仇敌,如今与江东却是唇亡齿寒的关系。孙权不仅同意鲁肃的请求,而且已经开始悄悄备战。

鲁肃在当阳的长坂见到刘备与诸葛亮,说明来意。刘备大喜,随即听从鲁肃的意见,移军樊口。

此时,曹操已经进入江陵,荆州大部已然归其所有。兵不血刃,轻取荆州的曹操,随时可能顺江东下。江东虽有合作的意向,但尚未与曹操开战,还有转圜的余地,可进可退,可战可降,而这才是最危险的。

刘备坚决抗曹,因为他与曹操已经翻脸,必须也只能对抗到底。但孙权还有退路,一旦风向有变,随时可能转向。已经没有退路的刘备,想要战胜曹操,仅有的希望就是拉住尚在观望的孙权与他一起抗曹。

危急时刻,诸葛亮挺身而出,主动请求前往江东,说服孙权联合抗曹,紧紧抓住这个希望,紧紧看住这个潜在盟友,防止其转变立场。鲁肃与诸葛亮都力主孙刘联合,共同抗曹。

刘备当然更明白此时局势的险恶与形势的紧迫,尽管诸葛亮是他的左膀右臂,他离不开诸葛亮,但刘备更清楚,在如此不利的局面下,能说服孙权促成联军抗曹,也只有诸葛亮才能做到。

于是,背负着刘备阵营的希望,诸葛亮与鲁肃来到江东,经过与孙权的一番密谈,加上周瑜的极力主战、鲁肃的力主联合,孙权终于下定决心,与刘备联合抗曹。

在赤壁之战前,促成孙刘联合才是诸葛亮初出茅庐的第一功,也正是这次危急时刻的出使,挽救了刘备阵营的命运。诸葛亮也

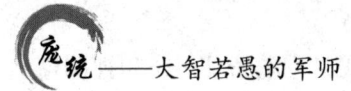
庞统——大智若愚的军师

由此确立起他在刘备集团中的重要地位。而此时的庞统还待在荆州襄阳家中,"卧龙"已经一飞冲天,"凤雏"却依旧蛰伏不动。

随即发生的赤壁之战精彩纷呈,可惜,史书对此战的记载只有寥寥数语,与这场战役在历史上的地位极不相符。既然历史学家惜墨如金,不肯多写,那大片的留白就只能交给小说家去尽情发挥想象自由创作了。

说到三国,最知名的当然是元末明初的罗贯中以及他写的《三国演义》。大多数人对《三国演义》的评价是"七分实三分虚",对于历史小说,这个评价是相当高的。说明小说是忠实于历史的,是在尊重历史的基础上进行的艺术加工与虚构,但这类艺术演绎并不会影响人们对基本历史的认识。

以《三国演义》这部小说而言,就整体来说,基本符合这个评价。但具体到赤壁之战,除结果是真的,全程都在演绎。这也不都怪罗贯中,因为这部分的史料确实过少,要想叙述完整,情节引人入胜,只能进行艺术加工和虚构,通俗地说就是编故事。

说到群众基础最好的中国历史,只有三国。三国的故事在中国可谓家喻户晓,但人们熟悉的三国,其实是演义里的三国,而非真实的三国。因为读《三国演义》的人永远要比读《三国志》的人多。

《三国演义》的群众基础好,传播广泛,是因为它通俗易懂。赤壁之战的精彩,是小说家罗贯中写得精彩,故事编得精彩。

大众熟知的,诸葛亮的草船借箭、借东风,都是罗贯中的创作。小说中的庞统,也是先于历史上的庞统出场的,庞统在小说中的首次出场即是赤壁之战。为使庞统的形象更立体、角色更丰满,罗贯中也为庞统的出场精心编排出了一个精彩的故事,即庞统巧授连环计。

小说中,曹操的军队因为多是北方人,不习水战,甚至在船上连站都站不稳,一遇风浪就被吹得东倒西歪、上吐下泻,曹操为此也是甚为头痛。这时,庞统及时出现,为曹操分忧解难。庞统建议曹操将战船用铁链连在一起,如此则可不惧风浪,士兵即使在舟船上也能如履平地,不必再受风浪颠簸之苦。曹操依计而行,后面的故事,大家再熟悉不过了。赤壁大火,曹操引以为傲

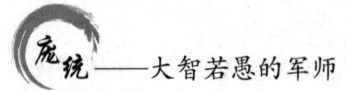
庞统——大智若愚的军师

的水师战舰化为灰烬。

后人有诗赞曰：

> 赤壁鏖兵用火攻，运谋决策尽皆同。
> 阚生纳款欺曹操，黄盖停舟待祝融。
> 千里轴轳沉水底，一江烟浪起波中。
> 若非庞统连环计，公瑾安能立大功？

小说中，特意将周瑜赤壁大败曹操的功劳分出一部分，归功于庞统的连环计。这是罗贯中为提升庞统的作用，有意编造的故事。

因为此时此刻，庞统还在襄阳家中，未曾出仕。庞统在赤壁之战中的种种表现，都是小说家罗贯中的强行加戏。

赤壁之战是通俗历史小说《三国演义》最为精彩的篇章，是小说的高潮部分，也是小说浓墨重彩着重刻画人物线条的重点。几乎所有的重要角色，在此战中都有出场且都有上佳表现，处处都是亮点，精彩纷呈，众所周知的就有，赵子龙长坂坡单骑救主，张翼德当阳桥头呵退曹兵，诸葛亮舌战群儒、草船借箭以及庞统的巧授连环计。

应当说，罗贯中在小说中对庞统的刻画是成功的，时至今日，提到庞统，人们印象中首先想到的就是赤壁之战时庞统的巧献连环计。但也是由于这个原因，人们熟知的只是演义中的庞统，庞统真实的历史形象却因鲜为人知而与真相越来越远，直至模糊。

庞统在小说中出场的次数并不算多，在真实的历史中则更少，但这并不是说他不重要。恰恰相反，要想解读刘备在荆州发迹崛起的历史，庞统是极其重要的，在这方面的重要性甚至超过诸葛亮。因为庞统的庞氏宗族是荆州的四大豪门之一。外来政权要想站稳立足，巩固政权，必须融入当地，与地方豪强融合，你中有我，我中有你，不分彼此，水乳交融，才能生存下去，才能长久稳定。

地方大族的态度往往是政治风向标。谁能取得地方大族的支持，谁才算真正掌控了这个地方。曹操在豫州重用颍川名士，在冀州重用河北名士，都是主动邀请地方豪族加入，深度绑定，才

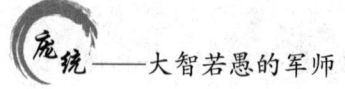

得以稳固对地方的统治。

虽然连环计不是庞统献的,但是曹操的确用铁锁连舟,而孙刘联军也不客气,不用借东风,在赤壁只用一把大火,就将曹操的长江舰队化为一片灰烬。其实,周瑜烧的只是一小部分,大部分船是曹操自己下令烧的,既然已经大败,这些船又带不走,总不能便宜周瑜那小子,与其资敌,不如烧光。

曹操带不走的何止战船,荆州的地方豪强,大部分他也带不走。愿意跟他走的,不用他带,会主动收拾包袱跟他走的。

荆州的蔡氏、蒯氏跟着曹操去了北方,当然其宗族大部仍留在襄阳。曹操虽然在赤壁打了败仗,但襄阳还是保住了。而荆州的豪族大部分都集中于此处。庞德公的儿子庞山民率领部分庞氏宗族也归附曹操,因为他们的家也在襄阳。诸葛亮的朋友徐庶、石韬、孟建,在此前后也都回到北方。北归,是大部分士大夫的选择,因为天下的中心在北方。

即使赤壁战败,但曹军并未因此退出荆州,战争仍在继续。在接下来的一年里,周瑜在江陵城下与曹军守将曹仁打了一年,

见证周瑜密计——扣押阴谋

仍不分胜负。还是关羽率水军在汉水频繁出击,切断曹军粮道,曹仁才被迫撤出江陵,退守襄阳。而周瑜在攻打江陵时身负箭伤,差点提前去见孙策。即使丢掉半条命,周瑜用一年多的时间也仅仅打下半个南郡,剩下的半个仍被曹军牢牢据守,直到三国的历史结束。

江陵是南郡的治所,襄阳也在南郡的郡治之内,但襄阳同时也是荆州的治所。赤壁之战后,南郡被一分为二,曹操与孙权各得一半。孙权占领的南郡的南半部仍称南郡,曹操则将襄阳所在的南郡的北半部,新设襄阳郡以便管理。需要说明的是,孙权的南郡太守就是刚刚在赤壁之战中立下大功的周瑜。

孙权的这个任命合情合理,南郡是周瑜打下来的,让周瑜做太守理所应当,而且这里现在还处于与曹军对峙的前线,需要军政兼顾,事权统一。因此,南郡不是普通的郡,周瑜也不是普通的太守。

但在南郡,周瑜的第一要务还是打仗,军事第一,民政靠后。而且,曹仁不是容易对付的,即使在小说里,周瑜击退占据

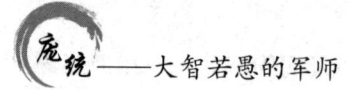
庞统——大智若愚的军师

江陵的曹仁也要一年,襄阳则是周瑜此生从未触及的地方,而挡住他前进脚步的人就是曹仁。

仅仅一个曹仁就已经让周瑜焦头烂额、极度抓狂,领兵打仗还嫌精力不够,他又哪有时间去治理地方?但身为太守,很多事情他又必须要管,分身乏术的周瑜,只能请人为他分忧。一郡之中,不只有太守,还有很多太守的属官,比如功曹。按照东汉的政治传统,太守通常是由中央下派,功曹则是由本地大族出任。孙权作为实际的占领者委派周瑜去做南郡太守,符合政治规则,而担任周瑜功曹的正是庞统。

也有的人说在周瑜之前,庞统就已经是南郡功曹了,这种可能是存在的。流水的太守,铁打的功曹。太守是谁,就为谁干活、就为谁工作。对于很多大族而言,城头的大旗是姓曹、姓孙,还是姓刘,都不重要,重要的是,太守的官属里要有他们的人,方便维护他们在当地的利益。归谁管他们不在乎,他们在乎的只是利益。

南郡太守周瑜,自从有了庞统这么一个能干的功曹,基本就不再过问具体政务,可以专心去找曹仁打仗。庞统则成为事实上的太守,因为没有掣肘,也能放手去干,从而积累到丰富的为政经验。

庞统因名士品鉴而声名远播,成名之后,他也继承了庞德公和司马徽的衣钵,开始品鉴别人,提携后辈。庞统承袭的不仅是品鉴,甚至连风格都一脉相承。司马徽从不得罪人,谁问都说好,说谁都是好。于是,久而久之,江湖上的朋友也都知道他的秉性,皆尊称他为"好好先生"。

庞统的做法与司马徽大同小异,也是见谁夸谁,别人一分的好,他能夸成九分。但长此以往,当然也会被人质疑,《三国志·庞统法正传》说他:"每所称述,多过其才。"

文言总是比较含蓄,但实际上,对他的质疑之声随着时间的推移只会越来越多,而面对众人婉转的质问、含蓄的批评,庞统也给出了他夸大其词的理由:"当今天下大乱,雅道陵迟,善人少而恶人多。方欲兴风俗,长道业,不美其谭即声名不足慕企,不足慕企而为善者少矣。今拔十失五,犹得其半,而可以崇迈世教,使有志者自励,不亦可乎?"

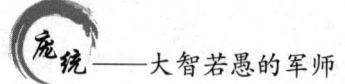
庞统——大智若愚的军师

以现在的视角去看,庞统这属于鼓励式品鉴,在天下大乱、人心不古的时候,要少批评、多鼓励。虽然对很多人的评价会失真,但也会激励更多的人向善学好。

然而,这些说辞都是表面文章,经不起推敲。

喜欢给人戴高帽,并不只是出于社交习惯。很多人并未真正看懂东汉名士品鉴的本质。

东汉的名士品鉴,本质是相互成就,利益交换。得到好评的人,自然是品鉴的受益者,其实,送出好评的人也是,甚至是更大的受益者。

受到好评的人声名鹊起、官运亨通,自然也会通过各种方式报答品鉴人。而好评人的成功也会推高品鉴人的知名度,使其获得更广泛的赞誉,这是互惠互利的双赢。

虽然庞统成功完成了从被品鉴到品鉴别人的角色转换,但他不仅是名士,还是南郡的功曹,很多事情,即使他不想做,也得做;不想参与,也得参与。他的位置决定了他在这个乱世纷争的时代,注定不会置身事外,必然会被卷入其中,履行属于他的职责。

见证周瑜密计——扣押阴谋

很快,庞统就被卷入一场巨大的阴谋,虽然他并未参与其中,但也是重要的知情人。

赤壁之战后,曹、孙、刘三家三分荆州,曹操据有北面最富庶的南阳郡以及新设的襄阳郡、南乡郡,孙权占据部分江夏郡、半个南郡,刘备南下得到长江以南的零陵、武陵、桂阳、长沙四郡。

看起来,刘备占的地方最多,但其实,刘备的荆南四郡加起来也不如曹操的一个南阳郡。不论是财富,还是人口,江北的南阳郡都能对荆南四郡形成碾轧。不要说荆南四郡,放眼全国,也找不出几个能与南阳比肩的大郡。论战略位置,荆州仅次于襄阳的就是江陵,因为这里控制着长江水道,是荆州水师的大本营,其次就是江夏,如今这两个水军基地都是孙权的。

刘备被隔在长江以南,看似地盘不小,其实处境艰难,甚至比战前更为险恶。刘备对自己的困局心知肚明,所以,他决定主动出击,去江东找孙权,商量借地事宜。赤壁之战后,刘表旧部多归刘备。虽然周瑜将南郡在长江南岸的土地分给了刘备。但刘备以周瑜所给地少,不足以容其众,亲自到京口见孙权,请求都

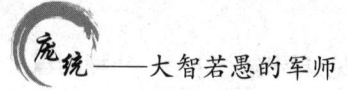
庞统——大智若愚的军师

督荆州。这就是三国历史上著名的"借荆州"。

赤壁之战之后到刘备入川前是孙刘的"蜜月期",双方关系急速升温,一度十分密切。建安十四年(209),刘备表奏孙权为行车骑将军、徐州牧。此时刘琦病卒,孙权也礼尚往来,上书推举刘备为荆州牧。

刘备在长江南岸与江陵隔江相望的油江口立营,不久又在此筑城,取名公安,作为屯驻的大本营。

但刘备最想要的,同时迫切需要的是长江北岸的江陵。所谓的"借荆州",实际上是借南郡,而江东其实也只有半个南郡。借荆州准确地说是借江陵。

然而,江陵并不好借,因为周瑜。长期以来,极力主张孙刘联盟的都是鲁肃,从战略全局出发,孙权也愿意与刘备联合。但从赤壁之战时到战后周瑜的种种作为来看,他对刘备一直持一种敌视的态度。

很多人都忽略了,周瑜对刘备阵营的立场,虽然鲁肃和周瑜在赤壁之战时都是主战派,但他们的立场稍有不同,也可以说是

见证周瑜密计——扣押阴谋

大同小异。他们都主张抗曹,但对于联合刘备,鲁肃是积极促成,周瑜则是不明确反对,但也不十分赞同。

待到战后,危机解除,周瑜也终于不再伪装,露出本来面目。听说刘备来京口借地,周瑜的第一反应是,机不可失,应立即对其进行扣押。在周瑜这里,借地之事都未过脑,想都不想,他想的只是如何趁这个机会将刘备扣在江东。

周瑜秘密上疏孙权说:"刘备乃世之枭雄,关羽、张飞皆熊虎之将,必不会久屈人下。愚谓大计宜徙备置吴,为其大筑宫室,多送美女珍玩,娱其耳目。分此二人各置一方,使如瑜者挟与攻战,大事可定也。今割土地以资业之,聚此三人俱在疆场,恐蛟龙得云雨,终非池中物也。"

周瑜希望扣押刘备并以此为要挟逼迫关羽、张飞为其麾下,听其号令,服从他的指挥去攻城略地。这个想法有点过于大胆,超越现实,说难听点,这叫痴人说梦。但好在孙权对周瑜的疯狂念头未予理睬。

借地之事,孙权是不反对的,因为此时他需要联合刘备共同

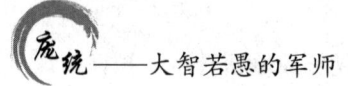庞统——大智若愚的军师

对付曹操,赤壁之战虽然打赢了,但南北对峙的格局也形成了。以孙权的实力不足以单独对抗曹操,所以孙权只能拉上刘备与之共同抗曹,同守长江防线,但周瑜反对。周瑜是赤壁之战的功臣,江陵又是他打下来的,孙权不能不考虑周瑜的感受。由于周瑜的缘故,借荆州之事只能暂时搁置,从长计议。

周瑜上书孙权主张扣押刘备,是秘密进行的。但天下没有不透风的墙。刘备回到公安之后,也知道了此事,不免有些后怕。刘备感叹道:"天下智谋之士,所见略同。当时孔明极力劝我不要亲自前往江东,他担忧的就是这个,怕周瑜对我不利。我何尝不知此行的风险?只是情势危急,不得不往,不过此次江东之行确实凶险至极,险些遭周瑜暗算!"刘备事后回忆起来,多少还是有些心有余悸。

但对此事,刘备得到的情报也只是传闻。后来,庞统归附刘备,二人感情日益紧密,无话不谈,不分彼此。一次,刘备说起当年周瑜意图扣押他之事,询问庞统是否确有此事。庞统给予了肯定的答复。刘备这才确定,当初的情报的确属实。周瑜的计划

见证周瑜密计——扣押阴谋

鲁莽疯狂。刘备也曾疑惑,周瑜至于这么愚蠢狂妄吗?看来,周瑜确实愚蠢至极,狂妄自大。而刘备之所以问庞统,并相信庞统的回答,因为当时担任周瑜功曹的正是庞统。作为周瑜的高级属官,周瑜是不会对庞统隐瞒的。庞统虽未参与,但也亲眼见证了这个阴险歹毒的计划。

愚蠢骄狂的周瑜,一计不成,又生一计。

建安十五年(210),周瑜亲到京口来见孙权,要求带兵取蜀,全据长江之险,然后北攻襄阳,进取中原。孙权虽然知道此计不可行,但又不好反驳,只能应允,希望周瑜到时候能知难而退。周瑜在返回江陵的路上病倒,死于巴丘。

庞统此时作为周瑜的部下,护送周瑜的棺椁回江东。庞统的此次江东之行,成为他扩大知名度、结交江东士大夫的一次难得的机会。

这时的庞统已经具有相当大的知名度,江东士人对这位荆州名士久闻其名,却未能谋面,这次终于有机会见面,岂能错过?于是,在江东的庞统与江东士大夫广泛交往,人气急遽上升。

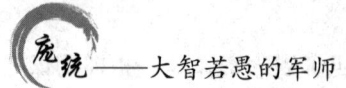——大智若愚的军师

诸葛亮未曾舌战群儒，庞统却与江东名士们有过深入交流。但相聚的日子总是短暂的，到了离别的时刻，庞统要返回荆州。一群与庞统相交甚笃的江东名士纷纷前来为庞统送行，这其中有陆绩、顾劭、全琮等人。

庞统从未忘记他的本职工作，品鉴士人。当场对这些前来送行的朋友进行点评。庞统说："陆子可谓驽马有逸足之力，顾子可谓驽牛能负重致远也。"最后，庞统又对全琮说："卿好施慕名，有似汝南樊子昭。虽智力不多，亦一时之佳也。"

庞统出身的荆州豪门庞氏，是荆州四大家族蔡、蒯、黄、庞之一。陆绩跟顾劭也出身江东豪族。江东四大家族虞、魏、顾、陆，吴郡四大家族顾、陆、朱、张，重叠的只有顾、陆。陆绩与顾劭即来自江东的两大顶级豪门陆氏与顾氏。因此，庞统对二人的评价大致相等。这是荆州豪门与江东豪门之间的强强对话。

全琮与陆绩、顾劭相比，家世门第就差得远了。全氏也是吴郡人，家资巨富，但全氏门第并不显赫。孙策南渡，全琮之父全柔是最早投奔的一批人之一，因而受到孙氏兄弟的重用。

见证周瑜密计——扣押阴谋

全柔曾令全琮押运数千斛米去吴郡贩卖，全琮却私自做主将米都分给了饥困的士大夫。全柔听说后，大怒，要责罚全琮。全琮却说卖米之事并不要紧，但士大夫有倒悬之急，不能不救。当时很多从北方逃难来的士大夫因全琮的救济得以活命，全琮也由此显名。

汝南许劭曾品鉴过同为商贾的樊子昭。原本不为人知的樊子昭，经许劭的点评，很快便知名当世。全琮是商人家庭，又乐善好施，仗义疏财。因此，庞统才将他比作樊子昭。

很明显，庞统对全琮的评价要比陆绩、顾劭低不止一个档次，因为全氏比陆氏、顾氏的门第不止低一个档次。

庞统做如上评价时，陆氏、顾氏早已是江东豪门，但全氏尚在上升期，与陆氏、顾氏这些豪门相比还是后起之秀。此时全琮还很年轻，他在江东政坛崭露头角，还要等到二十年后。全琮后来成为江东重臣，靠的还是他的岳父孙权。政治联姻在三国时代尤为普遍。顾、陆、朱、张四大家族就是通过相互联姻形成稳固的政治联盟。而孙权为压制四大家族，平衡各方政治势力用的也是联姻。全琮的全氏家族就是孙权用来制衡四大家族的新兴政治势力。

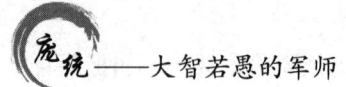庞统——大智若愚的军师

当然,孙权与四大家族彼此之间也联姻通婚。全琮娶的是孙权的女儿,全琮的好友顾邵娶的是孙策的女儿,虽然他们都是孙家的女婿,却分属不同的阵营。后来,孙权的儿子们上演夺位之争,竭力压制陆氏、顾氏的就是全琮,在背后操控的却是全琮的岳父孙权。现在的好友,未来的敌人。顾邵后被拜为豫章太守,陆绩则做到郁林太守。相比之下,全琮后来做到卫将军。顾邵、陆绩早早去世,只有全琮在江东身居高官、位列显贵数十年,深刻影响着江东的政治走向。庞统想不到,当年他评价最低的全琮却是三人之中成就最大、官做得最高的那个人。

庞统对在场名士做过点评后,陆绩、顾邵对庞统说:"待天下太平,当与卿共评四海之士。"然而,他们再也等不到重逢的那一天,仅仅四年后,建安十九年(214),顾邵死在豫章任上。同年,庞统在攻打雒城时中箭阵亡。建安二十四年(219),三人中年龄最小的陆绩也病亡他乡。

庞统告别江东名士,返回荆州。因为他知道,他大展宏图的地方在家乡。

大材小用——从县令到军师

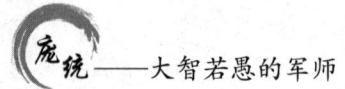
庞统——大智若愚的军师

周瑜死前推荐鲁肃接替他的职位，孙权遂以鲁肃为奋武校尉，统领周瑜旧部，从长沙郡分出汉昌郡，以鲁肃为汉昌太守，屯兵陆口。

不同于周瑜的敌视，鲁肃对刘备始终抱着合作共赢的态度。因为鲁肃是具有战略眼光的政治家。周瑜一心想吞并刘备进占益州，全据长江之险。鲁肃何尝不想？但鲁肃比周瑜更现实，因为鲁肃明白，以江东现在的实力做不到，那就只能寻求与刘备的合作，同守长江。君住江之头，我住江之尾。孙刘联合才有能力对抗北方的强敌曹操。

为了拉住刘备，鲁肃极力劝说孙权将南郡，准确地说是江陵借给刘备。赤壁之战的胜利，使孙权对联合更加坚定。江陵是好不容易才打下来的战略要地，而且刚夺过来就要借出去，孙权还真有点舍不得，但孙权也是政治家，更能认清现实，他明白鲁肃是对的。

长期以来，很多人认为"借荆州"是刘备占便宜，其实是错觉。孙权又不傻，人家精着呢！孙权最终同意鲁肃的建议，只是因为他们都是从战略高度去看待"借荆州"这件事，从战略高度去看待与刘备的合作。

赤壁之战，虽然是以少胜多、以弱胜强，但北方强、南方弱的基本格局始终未变。曹操实力依旧，而且随时可能卷土重来，再度南下，来找孙权复仇。

赤壁之战前，孙权尚未站队表明立场，还有转圜的余地。但赤壁一战，令曹操如此狼狈，虽然仗打赢了，但形势更严峻了。

曹操可不是好惹的人，报复心极强。你让曹操吃这么大的亏，就势必要做好被秋后算账的准备。而孙权虽然在赤壁打了胜仗，但实力上的增长并不大，与曹操的差距依然明显。既然已经得罪了曹操，又不具备单独对抗曹操的能力，那么继续联合刘备

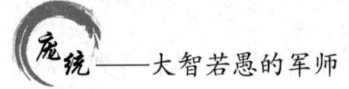

就是最好的选择。

而且，曹操在赤壁的损失并不像很多人想象的那么大。荆州最富庶的南阳郡始终是曹操的。赤壁之战前，刘琮投降，曹操得到的襄阳，在战后依然在。孙权得到的只是长江一线的南郡、江夏郡的部分地盘，这两个郡在事实上还被曹操占据一半。孙权地盘扩张得并不明显，防线的长度却被极度拉长。刘表的地盘，孙权未得到多少，刘表的长江防线却被孙权承接过来。荆州被长江分为南、北。北面的南阳、襄阳被曹操占据，南面的零陵、武陵、桂阳、长沙大部被刘备占据。

孙权好处未得多少，防守压力却急剧增加。刘备被隔在长江以南，虽然受到限制，却也因此与曹操脱离接触。孙权则被迫在数千里长江防线上直面曹操，压力不是一般的大，刘备却能在孙权背后从容发展，孙权越想越觉得亏。

孙权觉得有必要让刘备也分担一下他的防守压力，但想要使刘备出力就得给好处。南郡就是孙权给刘备的好处，虽然南郡实际上只有江陵，但也足够孙权以此来换取刘备的联合。而且，事先说明，南郡是借的，未来还是要还的。孙权认为这笔买卖不亏，所以，他才会听取鲁肃的建议，将南郡借给刘备。

而对刘备而言，南郡至关重要，甚至比荆南四郡加起来还要重要。进入南郡，可以西上益州，也可北进中原，战略意义重大。

在"借荆州"这件事上，双方都认为自己得利甚大，自己才是占便宜的那方，用现在的话说就是双赢。

刘备请求"都督荆州"、孙权同意借南郡，本质上是利益交换，不是一方对另一方的单纯让利，而是基于现实的互利共赢。

之前，"借荆州"最大的阻力是周瑜。如今，这个阻力不存在了，继任的鲁肃又是坚定的联合派。于是，"借荆州"的项目得以顺利推进，进展极快。

不久之后，刘备便如愿以偿，入主南郡，进入朝思暮想的江陵城。

刘备进入江陵有着现实的军事意义，这个之前说过，对于刘备而言，只有占据江陵、占据南郡，才有向外发展的可能。但其

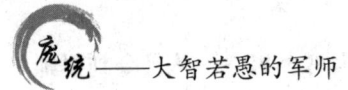

实，很多人都忽略了，刘备进入江陵还有着深远的政治意义。至少在荆州，刘备进据江陵、入主南郡，政治影响巨大，因为这意味着刘备已经成为新的荆州之主。

江陵在荆州的政治地位、军事价值仅次于襄阳。想做荆州之主，最好的选择，当然是襄阳，但曹操雄踞北方，实力强悍，正如《三国志》中诸葛亮对刘备讲过的，此时诚不可与之争锋。现在是积蓄力量的时期，不是决战的时候，襄阳之外，江陵就是刘备能力范围内最好的选择。

入主江陵标志着刘备初步实现对荆州的掌控，也是刘备阵营发展道路上的转折点，刘备的宏图大业从此也真正开始。

能与之相比的，只有当年曹操的迎帝许都。建安元年（196），曹操将汉献帝迎到许县。之后，曹操改许县为许都。迁都改元，迎来的是政治上的重大转机。之前的曹操不过是中原众多军阀中的一个，名气和实力都被袁绍碾轧。

但曹操抓住了机会，将汉献帝接到自己的地盘——豫州颍川郡的许县。许县改称许都，不仅是名字的改变，更是政治地位的巨大变化。从前只是普通的县城，如今却是汉朝的陪都。皇帝驻跸之地即是朝廷所在。领导在哪里，哪里才是中央。很多人说曹操从此挟天子以令诸侯。其实，曹操做不到。但以天子之名，招揽四方之才，曹操确实做到了。

得知天子在许都，中原士大夫纷纷前来投奔，想要报效朝廷。而他们报效朝廷，几乎等同于为曹操效劳。因为许都的朝廷，名义上是天子的朝堂，但实际掌握实权的是曹操。

四方人才尽为曹操所用，此后数年，曹操的实力突飞猛进，迅速扩张，只用两年便击败吕布，夺取徐州，又过两年，在官渡之战打败袁绍，由此确立起其北方霸主的地位。之后，曹操用数年时间，扫平袁氏，统一北方。

从迁都改元到统一中原，曹操只用了十年。考虑到当初曹操薄弱的实力与对手的强大，十年已经很快了。

曹操真正强大，要从迎接汉献帝到许县算起。迁都改元，迎帝许都，是曹操政治生涯中做的最具战略眼光的决策。当然，这是从曹操的角度来看。

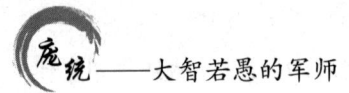
庞统——大智若愚的军师

刘备进入江陵，具有与之相等的政治意义。孙权、鲁肃同意借南郡给刘备，主要是从军事方面考虑。而刘备借南郡，考虑的不仅是军事价值，还有政治影响。刘备的政治水平远在孙权、鲁肃之上。对刘备而言，得南郡的政治意义远大于军事意义。

掌控一州的主要标志即是要对其政治、军事中心进行控制，而荆州的政治、军事中心第一是襄阳，第二就是江陵。

刘备之前仅据有荆南四郡，但只有四郡还远谈不上是对荆州的掌控。

襄阳、江陵，至少要占据一个，你才有底气说自己是荆州之主。也就是说，两城，至少占一个，刘备的荆州牧才实至名归。

可能有人会说，刘备的这个南郡不也是借来的吗？确实是借的，但也是凭实力借的。这个实力既有军事实力也有政治实力。

赤壁之战孙刘联军五万人，其中，刘备方面即占两万。赤壁水战江东是主力，但赤壁陆战追击曹操的是刘备。周瑜围攻江陵

大材小用——从县令到军师

一年有余，久攻不下，是关羽率军在汉水之上袭击曹军辎重，曹仁被切断粮道才不得已弃城退兵。这是刘备阵营在军事方面的作用。

战前，刘备已是天下知名的英雄，朝廷册封的左将军，官拜豫州刺史，宜城亭侯。孙权则是靠父兄上位、赤壁之战前从未上过战场的官二代，其官职是会稽太守、讨虏将军。孙权不论从官职还是政治声望，都远不及刘备。

战后，刘备表奏孙权为行车骑将军、徐州牧。车骑将军的级别略高于左将军，州牧也略强于刺史。刘备知道孙权想要的又不方便说的就是官职，而刘备在做人方面是十分到位的。于是孙权也投桃报李，奏请刘备为荆州牧。

正因为双方实力相当，级别对等，才能在平等的前提下谈联合。也正因为双方的军力旗鼓相当，孙权在已经与曹操翻脸的情况下，更需要与刘备联盟，以对抗曹操。而为巩固双方的联盟，在"借荆州"之前，孙权就主动做了一件拉近双方关系的大事——联姻。孙权将自己的妹妹孙尚香嫁给了刘备。

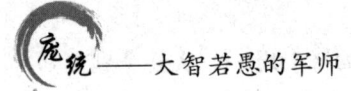
庞统——大智若愚的军师

建安十四年（209），赤壁之战发生的第二年，孙刘结为秦晋之好。这年孙权才二十八岁，他的妹妹当然更小，而刘备已经四十九岁，这又是典型的政治联姻。这次联姻发生在"借荆州"之前，且是孙权主动提出的，为何？因为刘备的实力。此时的刘备已不同于八年前刚到荆州之时那般孤弱。如今的刘备兵强马壮，今非昔比。你有实力，人家才会愿意跟你合作，嫁妹妹也好，借荆州也罢。孙权看重的是刘备的能力和实力。

刘备联合孙权击败曹操，又得到孙权的主动示好。孙刘联合，借得南郡，又占据荆南四郡。孙权又主动承认刘备的荆州牧身份。于是，从前持观望态度的荆州地方大族，便不再游移，确定刘备即是如今的荆州之主，这才纷纷前来投奔。

荆州牧刘备进入江陵，意味着刘备正式成为荆州之主。而荆州地方豪族的归附则更从根本上确立了刘备荆州牧的地位。熟读《三国演义》的读者深知的荆州豪杰名士如马良、马谡、伊籍、杨仪、蒋琬、向朗、向宠等，大都是在这一时期归附刘备的。

当然，这其中还有庞统。

刘备顺利接管南郡。于是，原南郡功曹庞统就成了刘备的部下。庞统的归附，不是庞统一个人的事情，庞统代表的是荆州庞氏。而以庞氏在荆州的地位，他们的主动归顺，又使相当多的荆州地方豪族顺应形势。荆州四大家族在荆州的任何举动，都有着巨大的政治示范效应。

曹、刘之间，荆州蔡氏、蒯氏选择曹操，荆州黄氏、庞氏选择刘备。荆州的主体部分从此一分为二，北归曹，南归刘。至于江东占的那点地盘，至少在当时微不足道，江东对荆州能施加的政治影响则可以忽略不计。因为此时的荆州是曹、刘争锋。

庞统从来都不是一个人，在他的背后是荆州大族，是众多的地方豪族。庞统的归附，政治意义巨大。

然而，庞统在荆州举足轻重的政治影响被长期忽视，原因有点戏剧性。因为历史小说《三国演义》，至少在小说层面，写得极其出色，以至于民众被集体带偏，因为小说在人物形象上塑造的成功，人们只记住了小说中的人物，却淡忘了其在历史中的本

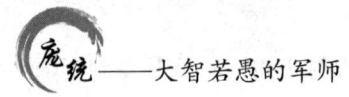庞统——大智若愚的军师

来面目,甚至将二者混淆,界限越来越模糊。

如今说到庞统,普通人的第一反应就是,这个人很丑。

对庞统的才干与智谋,大家感受并不明显。但对庞统的丑印象深刻,挥之不去。

庞统的丑,深入人心,甚至可以说庞统是以"丑"闻名。

因为小说刻画人物形象,就是要突出其特点,令读者过目难忘,比如刘备爱哭、诸葛亮多智。而《三国演义》的作者罗贯中给庞统的定位就是丑。有多丑呢?"浓眉掀鼻,黑面短髯,形容古怪。"真实的庞统豪门出身,家世显赫,本人更是儒雅风流,极具才干,但是读者记住的就只有庞统的"丑"。

而庞统也因为"丑",被孙权、刘备嫌弃。《三国演义》说庞统先投孙权,因相貌丑陋,又清高骄傲,被孙权拒之门外。之后,庞统又来见刘备。可是,刘备见到庞统的容貌竟也大为不悦。但刘备要比孙权大度得多,刘备委任庞统去桂阳郡下设的耒阳做县令。

庞统深感大材小用,上任之后,整日沉醉,不理政事。张飞

得知此事，前去责问。于是，庞统当着张飞的面，将百余日积压的案件，一日审结。整个过程，如行云流水般一气呵成，且毫无差错。庞统的这波操作看得张飞目瞪口呆。张飞这才知道庞统的大才，回去之后，向刘备极力推荐庞统。经过此事，庞统才被刘备发觉并受到重用。

《三国演义》的作者罗贯中如此立意，大概是想告诉人们，不要以貌取人，人不可貌相，海水不可斗量。

然而，从实际效果看，罗贯中可能会很失望。因为读者对庞统的才能感触不深，对他的"丑"却记忆深刻。

《三国演义》在庞统人物形象的设定上，并不高明，过于俗套。真实的历史往往比小说更精彩。

庞统是荆州人，他的政治根基在荆州。不管荆州是谁的，庞统都在荆州发展他的人脉，经营他的关系。他是不会去江东投靠孙权的。不仅是庞统，整个荆州，也几乎看不到有名士去主动投奔江东，因为这不符合当时的政治规则。

庞统与江东产生交集，只是因为周瑜做过南郡太守。周瑜死后，庞统作为其曾经的属官，扶棺千里，送丧江东，只是尽一个属吏的责任，送领导最后一程。这在当时也是约定俗成的官场风气。

荆州豪门出身的庞统，在孙权的势力尚未深入之前，是不会主动投奔孙权的。之前刘表在时不会，如今刘备入主荆州，庞统就更不会这么做。荆州姓刘，你去投孙，那等于叛变投敌，你让身为荆州之主的刘表跟刘备怎么想，你的家族还想不想在荆州的地界上立足？

庞统从未主动投靠过孙权，与江东的交集仅限于周瑜做南郡太守时期。而众所周知，周瑜在南郡待的时间很短。很快，在鲁肃的极力促成之下，刘备从孙权手中借得南郡，荆州便进入刘备时代。

小说中写庞统被刘备派去做耒阳县令，《三国演义》中对庞统的描写，只有这部分是真的。

现实中，庞统也的确是被刘备派去耒阳做县令。但与小说不同，刘备将庞统下派去当县令，不是因为庞统长得丑，而是嫌他来得晚。

赤壁之战前，刘备最需要谋士良臣为他出谋划策时，庞统不在他身边。当阳兵败赤壁大战，刘备需要有人为他奔走联络时，庞统也不在他身边。赤壁之战后，尘埃落定，刘备据有荆南四郡，又入主江陵，庞统才姗姗来迟，到刘备帐下。未曾共患难，却想共富贵。仅凭这点，庞统在刘备心中的地位就永远也赶不上诸葛亮。

可以再举一个例子。糜竺，徐州东海郡人。东海糜氏也是当地豪族，家资巨富，童仆数千。徐州牧陶谦特聘糜竺为别驾从事。曹操为争夺徐州拉拢糜竺，上表朝廷任命糜竺为嬴郡太守，以其弟糜芳为彭城相，级别等同太守。

但糜竺不为所动，弃官而去，变卖家产，追随刘备。在刘备被吕布和袁术南北夹攻最困难的时候，糜竺将家产全部捐出作为军资。刘备的妇人被吕布俘去，糜竺又将自己的妹妹嫁给刘备。之后，糜竺更是追随刘备北上冀州、南下豫州，最终一路追随刘备来到荆州，十余年，辗转多地，始终不离不弃。糜竺的这份情

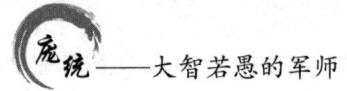
庞统——大智若愚的军师

义,刘备始终铭记于心。

刘备发迹后,对大臣的赏赐中,麋竺是最高的,在这方面连诸葛亮都要排在麋竺的后面。因为麋竺是在刘备最困难的时候追随左右的亲信,其间,很多人都选择离开,只有麋竺意志坚定。南郡对于刘备的重要,无须多说,后来刘备入蜀,麋竺相随,留下守南郡的主要有两个人,一个是刘备的二弟关羽,一个就是麋竺的弟弟麋芳。在当时的刘备看来,关羽、张飞、麋竺、麋芳,这些人都是经过风浪、久经考验的信得过的亲信。麋芳后来的叛变是谁也想不到的,麋竺还为此专门向刘备请罪。但即便如此,刘备对麋竺依旧宠遇如故。刘备对麋竺说,父子兄弟,罪不相及。你弟叛变是他的错,我依然是相信你的。刘备与麋竺之间的情义,能与之相比的只有诸葛亮。

麋竺毁家纾难支持刘备是在建安元年(196)。刘备三顾茅庐请到诸葛亮出山是在建安十二年(207)。诸葛亮受任于败军之际,奉命于危难之间,出使江东是在建安十三年(208)。而庞统归附刘备,是在周瑜死后的建安十五年(210)。这个时间,未免太迟。

之前，庞统是南郡功曹，因为太守不管事，庞统的这个功曹实际等同于郡守。而桂阳郡是荆州最南边的一个郡，已经与交州接壤。不论是在过去的荆州七郡（南阳、南郡、江夏、武陵、长沙、桂阳、零陵）之中，还是如今的荆襄九郡（南阳、襄阳、南乡、江夏、武陵、长沙、桂阳、零陵、章陵）之内，桂阳都是极偏僻、极荒凉，严重缺乏存在感的偏远地区。

从南郡功曹到桂阳郡下属的耒阳县令，这种调动，几乎等同于发配，庞统能高兴才怪。换成谁，面对这种巨大的落差多少都会有些情绪，庞统也不会免俗。

到了新的工作岗位，庞统表现得很懈怠。工作不积极，当然是思想有问题。对于庞统而言，当一个百里小县的县令实在屈才，他觉得委屈，表现在工作上就是消极怠工、不求上进。庞统消极对抗，但刘备可不会惯着他。在政绩考核中，庞统不出预料地收获差评，被依法免除官职。

庞统被罢免，很快便惊动了两个人——鲁肃与诸葛亮。

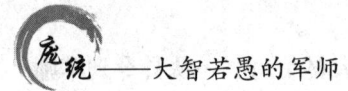
庞统——大智若愚的军师

鲁肃为此专门写信给刘备，说庞士元非百里之才，治中、别驾方显其能。鲁肃对庞统的评价是相当高的。这一方面说明庞统在荆州乃至江东都是具有相当知名度与影响力的名士，另一方面也说明鲁肃对荆州局势的密切关注，南郡虽然借出去了，但在鲁肃那里，南郡依然是江东的势力范围。

诸葛亮也向刘备为庞统说情。诸葛亮为人正直，处事向来公开公平公正，很少为人求情。见于史书的仅有两次，一次是为庞统，另一次是为蒋琬。而蒋琬的遭遇与庞统几乎如出一辙。甚至，《三国演义》中，庞统在耒阳的故事，其历史原型就是蒋琬。诸葛亮为庞统向刘备求情，已经足以说明庞统与诸葛亮之间非同一般的关系。"卧龙""凤雏"，惺惺相惜。

鲁肃与诸葛亮，对刘备都是极其重要的人。

赤壁之战前，是鲁肃代表江东促成孙刘联盟，才有后来的赤壁大战，刘备才能转危为安。战后，又是鲁肃力排众议极力劝说孙权将南郡借与刘备，才使刘备坐实荆州牧，才有荆州士人的归附，刘备才得以在荆州发展壮大。

大材小用——从县令到军师

刘备欠鲁肃的人情，鲁肃有恩于刘备。因此，鲁肃的面子刘备是必须要给的，而且必须给足。

赤壁之战前，是诸葛亮及时劝刘备征募流民为兵，扩充军队，壮大势力，才使刘备在赤壁之战时有军队、有本钱与孙权搞联合。危急之时，诸葛亮更是孤身前往江东，说服孙权与刘备联兵，共同抗曹。这番经历虽然没有《三国演义》中舌战群儒那般夸张，但也是非常艰巨和艰难的任务。对此，刘备心知肚明。赤壁之战是刘备的生死之战，此战中，刘备阵营的头号功臣，即是促成孙刘联盟的诸葛亮。

刘备向来敬重诸葛亮。只要诸葛亮开口，刘备基本上是有求必应、言听计从。

一个小小县令的任免，居然能同时惊动荆州与江东两地的首席谋臣，庞统在荆州的威望及影响由此可见一斑。

那么，问题又来了，既然庞统如此重要，又具有如此高的知名度，在荆襄地区拥有广泛的人脉与巨大的影响，刘备为何只让庞统去做一个百里小县的县令，不久又将其免官呢？答案只有一

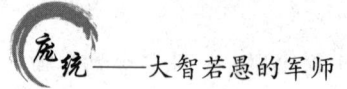庞统——大智若愚的军师

个，刘备是故意的，所有的这些事情，都是刘备有意为之。

刘备的目的很简单，就是要以此打压庞统，敲打庞统。而刘备此举针对的不仅是庞统个人，还有那些在赤壁之战时持观望态度、战后才来投奔的荆州各地的豪族。之前说过，庞统是他们的政治代表，敲打庞统，就是敲打那些曾经游移观望的荆州地方豪强。

刘备意在警告荆州豪强，他现在才是荆州之主。如果你们想在荆州生存发展，最好识时务、知进退，不要再对曹操心存幻想，更不要与孙权眉来眼去。荆州只有一个主人，那就是他刘备。

荆州牧刘备既然是荆州之主，那就必然要取得荆州地方豪强的支持，争取对方的合作，只有如此，刘备在荆州的势力才能牢固长久。

但刘备不同于刘表。当初，刘表为迎合荆州豪族，多方讨好，出让利益，以期获取支持。然而，一味地委曲求全，一味地退让讨好，只会令对方得寸进尺，进而越发嚣张跋扈。

大材小用——从县令到军师

刘备做事有自己的原则。他确实需要荆州豪族的合作，但这种合作必须是相互尊重、互利共赢的。在合作之初，这点必须明确。

刘表的退让讨好，得到的结果就是，当曹操大军压境，那些曾经依附于他的荆州豪强毫不犹豫地抛弃他的儿子刘琮，投入曹操的怀抱。刘表的及时死去，才使他避免受辱。不然，献城投降的就不是刘琮而是他刘表了。

刘备从开始即明确，以我为主、广招荆州贤才的政治格局。欢迎你们来投靠，但必须听我的话，服从我的指挥。

因此，对那些曾经骄横跋扈，特别是在赤壁之战时犹豫观望的地方豪强，必须要敲打，必须要予以警告，给他们立下规矩。必须让他们知道，谁才是真正的荆州之主。

但敲打过后，对这些人还是要用。于是，面对鲁肃与诸葛亮的求情，刘备也乐得做个顺水人情。

刘备重新召见庞统，这次二人定有一番长谈。很快，庞统被刘备再次起用辟为治中，与诸葛亮同为军师中郎将。庞统的政治

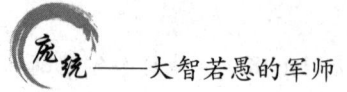
庞统——大智若愚的军师

待遇在众人中也仅次于诸葛亮。

刘备的重要谋士徐庶的离去是因为他是颍川人,中原才是他的首选。虽然他与刘备相处融洽,但在老母亲被虏、中原又重新安定之时,他选择北归,好聚好散。诸葛亮的众多朋友石韬、孟建等情形大致相同。只有诸葛亮选择留下,因为他已经成为荆州大族的代表,对诸葛亮而言,留下才有前途。荆州、益州虽在南方,却依然大有可为。

庞统虽然来得最晚,其意志却远比徐庶、石韬、孟建坚定,因为他是本地人,而且,他做的不是个人选择,他代表的是庞氏宗族的利益,一旦加入,就意味着深度绑定。

与庞统做出相同选择的还有同为襄阳人的马良、马谡兄弟。建安十五年(210),庞统已过而立之年。马良、马谡则更年轻,刚及弱冠。马良与诸葛亮私交深厚,二人以兄弟相称。马谡,就更为人所熟知,失街亭斩马谡的故事,因为《三国演义》的传播,几乎家喻户晓。马谡这年才二十岁。他们都是荆州的青年才俊,也都选择投奔刘备。

大材小用——从县令到军师

与马氏兄弟同为襄阳宜城人的向朗、向宠叔侄也在此时归附。向宠即是后来诸葛亮在《出师表》中称赞的"将军向宠，性行淑均，晓畅军事"的那个向宠。

襄阳习氏也是荆州大族，宗室富盛，世为乡豪。其中，襄阳习祯与马良和庞统都有交集，其声名仅次于庞统，而在马良之上。习祯与马良是同乡，也是好友。习祯的妹妹则嫁给了庞统的弟弟庞林。习祯后来在蜀汉官至广汉太守。习祯的儿子习忠为尚书郎、孙子习隆做到步兵校尉也都效忠于蜀汉。诸葛亮去世后，习祯的孙子步兵校尉习隆、向宠的弟弟中书郎向充上书请求为诸葛亮在汉中立庙，得到后主的准许。

建安二十四年（219），江东趁关羽大军北攻襄樊，后方空虚，出兵偷袭。吕蒙"白衣渡江"袭夺南郡。关羽军家眷皆在荆州，听闻消息，数万大军土崩瓦解，四散而走。关羽仅率数百人退守麦城。

不久，关羽战败被害。在此前后，陆逊率军攻略荆南。各地郡县望风而降。在一片投降的浪潮中，却有人选择抵抗，此人就

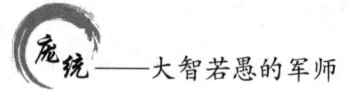

是习珍，任零陵北部都尉。他率军与敌人血战，宁死不降。孙权派潘濬带兵围攻习珍。

这个潘濬是武陵人，原是荆州治中从事，与关羽素来不和，吕蒙偷袭江陵，他即投奔吕蒙，专门杀害忠于刘备的荆州军民，身上血债累累。

习珍兵少，敌军人多势众，只得且战且退，最后率数百人退守山上。潘濬随即带兵围困。经过多日激战，山上粮箭皆尽。潘濬上山劝降，但习珍不为所动。习珍称宁为汉鬼，不做降臣，最后，为保存数百部下，自刎而死。刘备在蜀中得知习珍死讯，亲为之发哀。

蒋琬就是荆州零陵人。在当时荆州的众多士人中，蒋琬并不出众，后随刘备入蜀也仅仅是个书佐。真正赏识并着力提拔蒋琬的人是诸葛亮。

蒋琬入蜀后被任命为广都县长。也许是嫌官小，总之，蒋琬在广都不理政事，整日昏昏沉沉。历史上的蒋琬，就是小说中的庞统。罗贯中就是依据蒋琬的故事来写的庞统。历史上，蒋琬有诸葛亮为之说情。小说中，给庞统说情的不仅有诸葛亮，还有鲁肃。

但历史上，庞统与蒋琬的人生际遇差别很大。庞统后来随刘备入蜀，在攻打雒城时阵亡。如果庞统不是早亡，其地位当仅次于诸葛亮，与法正并列。蒋琬在他们面前，不论资历还是年龄都是晚辈。但蒋琬是蜀汉后期的掌权者，是诸葛亮为丞相时指定的接班人。

相比之下，有人不是诸葛亮指定，却以接班人自居。此人便是荆州武陵人廖立。相比蒋琬，廖立早期的仕途颇为顺畅。蒋琬还是书佐的时候，廖立就已经被刘备擢升为长沙太守。廖立做太守时，还不到三十岁。当时刘备算上新设的宜都郡、借来的南郡，加上荆南四郡，总共也只有六个郡。廖立能被提拔做长沙太守，其在荆州的地位由此可知，这时与他同为郡守的是襄阳太守关羽实际坐镇南郡，以及宜都太守张飞、桂阳太守赵云。

刘备入蜀后，诸葛亮主政荆州时，孙权曾写信给诸葛亮询问

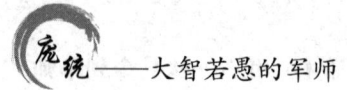

荆州都有哪些人才。诸葛亮回答道:"庞统、廖立,楚之良才,当赞兴世业者也。"荆州战国时属楚地。诸葛亮将廖立与庞统并列,也说明廖立的才干在当时的荆州是得到普遍认可的。不过,以后来廖立诽谤先帝被诸葛亮免官发配的情形看,真正欣赏廖立的是刘备。而诸葛亮称许更多的则是庞统。只不过,因为廖立是刘备重用提拔的荆楚士人,诸葛亮才会说他是良才。

赤壁之战后,尤其是刘备"借荆州"之后,局势日益明朗。荆州士人及地方豪强才放下顾虑,集体投奔刘备。

不同于那些轻于去就的北方士人,荆州士大夫在选择时会犹豫、会观望,不过,一旦选定,都会十分坚定。站队的成本很高,他们也不敢轻易做出改变。北方士人来得早,走得也快。因为避难而来的北方士人是个体,本地士人代表的是宗族。北方士人在中原安定后选择北归也是因为宗族。

汉代,世家大族往往聚族而居。士大夫的个人命运与宗族紧紧相连。个人的仕途发展离不开宗族乡党。

诸葛亮、庞统、马良、马谡、向朗、向宠、习祯、廖立、蒋琬等荆州名士成为刘备后来建立蜀汉的政治班底。这些人后来大多追随刘备入蜀，在蜀汉担任要职。所以，也有人说，刘备入蜀，荆楚人贵。

仅仅有行政班子还是远远不够的，想要创基立业，必须要有属于自己的武装。

刘备在荆州才实现这个愿望。在豫州、在徐州，刘备的这个心愿都未如愿。原因也很简单，刘备在那里的根基不稳，当地豪强不敢与他走得过近，更不敢与之深度绑定。麋竺那种毁家纾难的人永远都是少数，多数人更在意的还是宗族的利益。

以庞统为代表的荆州大族的归附，使人心趋于稳定。大家知道，刘备这个荆州牧会做得长久了，才敢来投效。

在当时，很多宗族都有自己的武装、部曲。因此，他们来的时候，都是带着队伍来的。

这就不得不提到刘备在荆州得到三员大将——黄忠、魏延、霍峻。

黄忠，荆州南阳郡人，很可能是荆州大族南阳黄氏。早年，

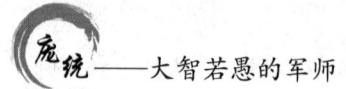
庞统——大智若愚的军师

黄忠以中郎将的身份与刘表的侄子刘磐共守长沙防备江东孙氏。联想到南阳黄氏的黄祖守江夏、黄祖的儿子黄射守章陵，南阳黄氏始终在对抗江东的第一线，备受重用。

魏延，荆州南阳郡人。陈寿的《三国志》说魏延是荆州义阳郡人。但义阳郡是魏黄初三年（222），魏主曹丕从南阳郡南部分出设的新郡。魏延来的时候，就是带着部曲来的。

霍峻，荆州南郡人。他带的就是乡里部曲。早前，这支部曲由他的哥哥霍笃统领，在刘表帐前听令。霍笃死后，部队便交由霍峻率领。虽然表面上，让霍峻统领是出自刘表的命令，但刘表的指令不过是走个过场，因为换成别人根本指挥不动这支部队。部曲几乎就是将领的私兵，将与兵有着很强的依附关系。刘表死后，霍峻带着队伍投奔刘备，被任命为中郎将，依然是这支部曲的指挥官。

入蜀之议——兼弱攻昧逆取顺守

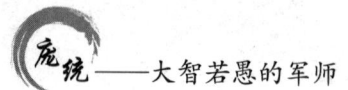
庞统——大智若愚的军师

赤壁之战后,刘备的势力是扩张速度最快的,也是扩张规模最大的。刘备才是赤壁之战的最大赢家。然而,尽管如此,他依然是曹、孙、刘三家中实力最弱的那个。

刘备依然需要扩充实力,扩大地盘。不同于占据中原的曹操与割据江东的孙权,刘备虽然与曹操几乎同时起步,但两人因起点不同带来的巨大差异,导致完全不同的结果。

曹操是占有各种优质资源的"官二代""富二代",他的起点就是很多人耗尽此生也难以到达的终点。尽管他也会遭遇各种挫折、遇到各种困难,但他的后台、他的背景使他的试错成本很低。即使遭遇挫败,也能凭借他的太尉老爹的人脉,迅速回归,重新上路。

入蜀之议——兼弱攻昧逆取顺守

但刘备就不同了。尽管他是尽人皆知的汉室宗亲,但两汉四百年,他这种血脉疏远的宗室,已经与平民无异,甚至过得还不如平民。刘备家在他父亲那一代就已落魄,到刘备时,就更为艰难,他的父亲早早去世,只剩下他跟母亲相依为命,甚至要靠织席贩履才能维持生计。刘备经过十年的奋斗,做到徐州牧,封疆大吏,表面上终于追上曹操,能与之平起平坐。可是,很快,刘备就在袁术、吕布的夹攻下,丢失徐州。之后的十年,刘备辗转于曹操、袁绍、刘表之间,未得尺寸之地。直到赤壁大战,刘备的事业才迎来转机。

即使是孙权的境遇,刘备也很羡慕。凭借父兄之资,未有汗马之劳,便能据有江东六郡,也是十分幸运的。

曹操可以靠老爹,孙权可以靠父亲、兄长,刘备却只能靠自己。

尽管刘备的势力得以迅速扩张,但他的处境依然十分艰难,也仅比赤壁之战前稍好一点,但远谈不上安全自在。对此,诸葛亮看得很清楚,他说:"主公之在公安也,北畏曹公之强,东惮

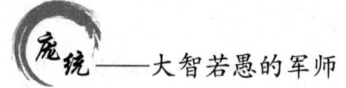

孙权之逼,近则惧孙夫人生变于肘腋之下。当斯之时,进退狼跋。"

曹操雄踞北方,依旧强大,依然是最强劲的敌人。曹操虽然是刘备最大的敌人,但有时刘备其实还真要感谢曹操。要不是因为曹操,刘备可能还借不到南郡,他与孙权的关系也不会像现在这么好。

孙权虽借南郡给刘备,但其垂涎荆州之心,可谓"司马昭之心,路人皆知"。孙权占有荆州的雄心和欲望甚至比曹操还要强烈。只不过有曹操在,面对来自北方的实力碾轧,孙权才不得已选择同刘备合作。

对此,刘备自然也是心知肚明。刘备明着要防北面的曹操,暗中还要加倍小心防备东面的孙权。明枪易躲,暗箭难防。后面发生的事情,大家都知道,在荆州伤刘备最深的不是曹操,而正是这个孙权。

孙权为巩固孙刘联盟,嫁妹妹给刘备,这又给刘备增加了"幸福的烦恼"。这个据说叫"孙尚香"的孙权的妹妹,与其说她

入蜀之议——兼弱攻昧逆取顺守

是刘备的妻子,还不如说是孙权安插到刘备身边的间谍。

孙权用的这个"美人计",相当高明,令刘备找不出理由推辞。而这个孙小妹才捷刚猛,颇有父兄之风。这个父指的是孙坚,兄指的是孙策。

因为孙权在江湖上人称"孙十万",是有名的军事草包。数年后,孙权的十万大军在逍遥津被张辽的八百人杀得大败亏输。赤壁之战时,孙权坐镇后方遥控指挥。大概他看到周瑜打赢赤壁之战,认为领兵打仗不过如此,一点也不难,而且,他有十万人,对方只有八百人,十万对八百,孙权认为优势在他。结果却被刚猛的张辽按在地上摩擦,输得一塌糊涂。

以孙权的性情,孙小妹大概率是看不上这个"行事稳重"的哥哥的。而孙权也知道以孙小妹的暴躁性格,肯定也不会是个好媳妇。

果然,嫁到荆州的孙小妹很快就成为江陵城里的一霸。孙小妹带着她的卫队整日在城中横行霸道。孙小妹的侍从、丫鬟个个挎刀佩剑。据说每次刘备进孙小妹的房间,心里都七上八下、忐

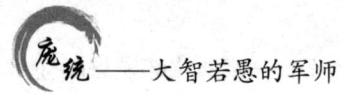
庞统——大智若愚的军师

忐不安，生怕这个孙小妹一时兴起，抽刀拔剑将他砍了。

刘备在荆州的日子，一点也不好过。在北方，刘备要承受实力雄厚的曹操带来的强大的压迫感。东面还有一个时刻都在算计他、想要谋夺整个荆州的孙权。在他的身边，更有一个他惹不起更躲不开的骄横跋扈的孙小妹。被两面包围、内外夹攻的刘备简直苦不堪言。

刘备的困局，诸葛亮看在眼里、记在心上，他深知刘备的艰难，于是安排性格持重的赵云看住孙小妹。但诸葛亮更知道，摆脱被动局面的根本办法是向外发展，荆州不是终点只是起点。刘备要做的是匡扶汉室，复兴大汉。

志在天下的刘备，当然要走出去。对年近半百的刘备而言，时间尤其宝贵。蹉跎半生的他，刚刚迎来人生的转机，又岂肯虚掷光阴？但如何发展、向哪发展，才是关键，对此，《三国志·诸葛亮传》中说得已经很清楚，北方的曹操拥百万之众，挟天子以令诸侯，此诚不可与之争锋。东面的孙权据有江东，已历三世，此可为援而不可图。

入蜀之议——兼弱攻昧逆取顺守

北面的曹操不可与之争锋，东面的孙权又不可图之。那剩下的只有南面和西面两个方向，南面的交州和西面的益州。

刘备待的荆南四郡已经很落后，南面的交州就更为荒凉。交州就是现在的两广地区。汉代，交州是不折不扣的蛮荒之地。直到唐朝，那里依然是发配犯人的标准流放地。

即便如此，交州在群雄逐鹿中也未逃过去。而最先对交州下手的是著名的"自守之贼"刘表。连最不喜欢打仗的刘表都忍不住对交州下手，足以说明，在当时，只要是人能到的地方，都要占。即使是交州这类荒凉落后、市井萧然的蛮荒之地，也躲不过去，依然有大把的人抢着去争。

赤壁之战后，刘备迅速南下抢占荆南四郡。而在这方面，孙权的速度一点都不比刘备慢。尽管刘备已经很快了，但孙权的手伸得又快又长，江东充分利用了其在水军方面的优势，不仅在长江上逼退曹军，占据部分江夏郡，而且在湘江上也抢在友军的前面，将势力渗透进荆南，抢占部分长沙郡。赤壁之战前，黄忠守在长沙就是防备江东的。但大乱之际，还是被江东占去部分地

盘。

建安十五年（210），孙权派步骘领兵千余走湘江水路南下交州。就在去年年底，刘备迎娶孙小妹。这年刘备又亲自去京口"借荆州"，同时刘备还在为请求"都督荆州"的事与孙权方面交涉，因此这时对步骘的南下船队，刘备只能放行。

步骘穿越荆南来到交州的苍梧郡，第一件事就是诱杀了苍梧太守吴巨。对这个人，想必大家也很熟悉，当初，刘备当阳兵败，就想过要去苍梧投奔吴巨。两人是旧相识，如今好友被杀，刘备心中愤怒，但此时有求于人，又不得不强压怒火。

孙权派兵强占荆州东面与江东毗邻的郡县，在江夏、长沙抢夺地盘，又将势力渗透进荆州南面的交州，咄咄逼人，其吞并荆州的野心已昭然若揭。

此时刘备有求于孙权，需要与之合作，在翻脸之前，要先壮大实力。要增强实力，扩张地盘，就必须向外发展，但刘备占据的荆州，北、东、南三面，已经被曹操、孙权弧形包围。留给刘备的发展方向，只有西面的益州。

入蜀之议——兼弱攻昧逆取顺守

实际上,即使是仅剩的西面,孙权也未打算给刘备留。周瑜曾策划西取巴蜀,以周瑜的疯狂,他有这个想法并不令人惊奇。但周瑜死后,孙权居然也产生了相同的想法,这就有点不可思议了。孙权尽管军事能力不强,但战略眼光还是有的,也因此他才会重用鲁肃。

但孙权竟然也想取蜀,当然,孙权不是周瑜,因此,他的计划不像周瑜那么虚幻。孙权的计划是联合刘备,共同取蜀。虽然这仍然是个疯狂的计划,但显然至少比周瑜那个靠谱得多。

孙权提出联合取蜀时,刚刚将南郡也就是江陵借给刘备。面对孙权的这项提议,刘备明知其不怀好意,但也不好明确否定。

而且,孙权的说辞很是动听,孙权说:"张鲁占据汉中、巴地,是曹操的耳目,他们意图夺取益州。刘璋这个人水平又差,恐怕守不住。如果让曹操夺占益州,位居上游,那荆州就危险了。所以,不如先下手为强,我们联合出兵攻取蜀地,再北上汉中进讨张鲁,使长江之险尽为我有,到那时,即使有十个曹操,又有何惧?"

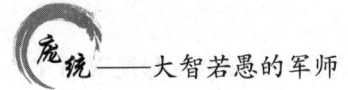
庞统——大智若愚的军师

当时，刘备的部下也有很多人被孙权表面的言词迷惑，认为联合取蜀对荆州更有利，因为荆州与益州相接，攻占益州，得利大的应该是荆州。原因显而易见，江东与益州隔着荆州，孙权如何能越过荆州而进占益州？到时，益州还是咱们的。

问题其实恰恰就出在这里，孙权这个精得脑袋冒烟的家伙，一向惯于算计别人，这么明显的漏洞，他能看不出来？难道孙权会好心到出兵出粮帮着刘备打仗，打赢后，地盘还归刘备，他什么也得不到？事出反常必有妖。孙权当然知道这个漏洞，他是故意为之，因为这就是个圈套。孙权就是故意用这个漏洞，妄图引诱刘备。

因为联合取蜀，就意味着孙权的军队可以堂而皇之地自由出入刘备的荆州防区。夺取蜀地后，孙权肯定不会轻易退出。此时蜀地与江东都有孙权的军队，刘备的军队本来就不及孙权多，要分兵取蜀，又要防守荆州，更重要的是，孙权的军队是友军，还找不出理由阻挡，那就意味着孙权可以随时从东、西两面偷袭荆州。

入蜀之议——兼弱攻昧逆取顺守

江东的军队只会打水战，陆战的能力不如刘备的军队。但孙权的军队会偷袭。如果同意联合，那就意味着孙权的军队可以自由进出荆州。刘备防不胜防。江东还有水军的优势，利用长江可以迅速将兵力输送到长江北岸的江陵、长江南岸的公安以及更远的蜀地，利用湘江也能迅速控制刘备的荆南四郡。后来，争三郡的时候，吕蒙就是这么干的。

孙权的那点鬼主意如何能骗过刘备。但如何婉拒孙权，刘备还未想好。这时，有一个人不仅看出了孙权的阴谋，连对付孙权的说辞都帮刘备想好了。

这个人叫殷观，是荆州主簿。殷观对刘备说，联合取蜀，我军在前，而江东之军在后，如进不能取蜀，退又为江东军所逼，则大势去矣。如今之计，当允其伐蜀，但我军不出，只说荆南诸郡新附，局势未稳，大军不可轻动。江东军必不敢越荆州而单独取蜀。刘备对殷观之计大为赞赏，当即采纳，依计而行。

为使孙权放弃取蜀的念头，刘备也写信进行劝说，当然表面的理由都很有道理。刘备在信中对孙权说，益州士民富强，山川

庞统——大智若愚的军师

险峻。刘璋虽弱,足以据守。张鲁此人虚伪狡诈,未必愿受曹操驱使。进兵取蜀,万里出师,转运艰难。曹操虽受挫于赤壁,但如今三分天下已取其二。以曹操之心,必欲报赤壁之仇而再度南下。刘璋应是联合的友军,不应是攻伐的对象。面对强敌曹操,我们应该团结一致,怎么能相互攻打给曹操以可乘之机呢?

刘备的信写得入情入理,只是他低估了孙权的决心。孙权的联合取蜀之计骗不过刘备,刘备阻止孙权取蜀的计策自然也瞒不过孙权。刘备不想让孙权取蜀,当然是想自己取蜀。

孙权见忽悠不管用,就准备来硬的,派大将孙瑜率领水军硬闯荆州房区,想要强行通过。但刘备也有准备。刘备派人告知孙瑜,你如果要进攻蜀地,我就披发入山,不失信于天下。与此同时,刘备令襄阳太守荡寇将军关羽率荆州水军驻守江陵,准备随时出击堵住江东水军的退路,令宜都太守征虏将军张飞进驻秭归,准备封堵孙瑜的入蜀通道。如果孙瑜胆敢硬闯,张飞在前,关羽在后,随时可将江东水军合围聚而歼之。孙权见刘备摆下如此阵势,只得令孙瑜原路返回。这次交锋,孙权败,刘备胜。

入蜀之议——兼弱攻昧逆取顺守

尽管这次刘备赢了，但形势逼人，刘备必须尽快行动。

孙权咄咄逼人，阴招频出，刘备必须及时做出应对。而最好的应对就是扩大地盘、壮大实力。

刘备真正的敌人不是曹操而是孙权。欺软怕硬是多数人的本性，这一点在孙权、周瑜、吕蒙这些江东人的身上体现得尤为明显。面对曹操，他们踟蹰不前；面对刘备，他们凶相毕露。

从周瑜到孙权都念念不忘地想要取蜀，但妄图取蜀的背后是更大的阴谋：四面合围，包围刘备。

西面是刘备走出困局的仅剩的出口，周瑜、孙权的取蜀之谋就是要堵住这个仅剩的出口。江东多次密谋取蜀其实是醉翁之意不在酒，他们在意的是刘备。所以，刘备才会宁可冒着与孙权翻脸的风险，也要阻止孙瑜进蜀。

尽管以江东的陆战攻坚能力，他们连川蜀的门都摸不到，但刘备连这个机会都不会给江东。

与诸葛亮相同，庞统也看到了刘备的困局，他的解决办法也与诸葛亮不谋而合，向西发展，夺取益州。

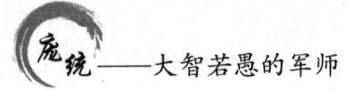

庞统——大智若愚的军师

天下智谋之士所见略同。

庞统极力劝说刘备率军入蜀。孙权包藏祸心，这次联合取蜀的阴谋虽然失败，但孙权是不会罢休的，为对付刘备，他早晚还会想出更阴险、更歹毒的计谋。因此，行动越早越主动，越晚越被动。

庞统对刘备说："荆州荒残，人物殚尽，东有吴孙，北有曹氏，鼎足之计，难以得志。今益州国富民强，户口百万，四部兵马，所出必具，宝货无求于外，今可权借以定大事。"

刘备说："今指与吾为水火者，曹操也，操以急，吾以宽；操以暴，吾以仁；操以谲，吾以忠。每与操反，事乃可成耳。今以小故而失信义于天下者，吾所不取也。"

庞统见刘备心有顾虑，只好再三相劝说："权变之时，固非一道所能定也。兼弱攻昧，五伯之事。逆取顺守，报之以义，事定之后，封以大国，何负于信？今日不取，终为人利耳。"

《三国志·诸葛亮传》中诸葛亮对刘备说："荆州北据汉沔，利尽南海，东连吴会，西通巴蜀，此用武之国。"

入蜀之议——兼弱攻昧逆取顺守

诸葛亮所说与庞统的说法似乎有点矛盾，但看似矛盾，其实不然。

诸葛亮说的荆州，指的是荆州七郡，即南阳郡、南郡、江夏郡、长沙郡、桂阳郡、武陵郡、零陵郡。

荆州真正富庶繁华的地区几乎都在长江以北，南阳郡在长江北岸，南郡、江夏郡则横跨南北，但精华在北岸。完全在长江以南的是长沙、桂阳、武陵、零陵四个郡，即荆南四郡。

曹操跟孙权瓜分了江北最富庶的三个郡，留给刘备的是偏远贫瘠的四个郡。而荆州的人才十之八九都出自江北的南阳郡和南郡。

庞统、马良、马谡、习祯，这些追随刘备入蜀的文臣都是荆州襄阳人。

黄忠、魏延、傅肜，这些跟随刘备征战的武将都是荆州南阳人。

在入蜀之战中立下大功的霍峻，刘备任命的首任南中都督邓方，后随刘备东征的前锋大将冯习，都是荆州南郡人。

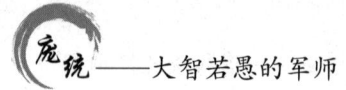

来自荆南四郡的荆楚名臣只有荆州武陵人廖立与荆州零陵人蒋琬等寥寥数人。

庞统所说的"人物殚尽",说的就是荆南四郡,相比江北,这里本就荒凉落后,人才不多,缺乏发展后劲。荆南的地势呈现西高东地,西部的武陵、零陵多山地,而东部的桂阳、长沙多丘陵。直到解放前湘西地区一直都是匪患多发之地,大小土匪多如牛毛。武陵、零陵所在即是湘西。

很明显,偏远贫瘠、人才匮乏的荆南四郡,不足以支撑刘备的宏图大业。

仅据荆南四郡又被三面包围的刘备,凭此时的实力是谈不上与曹操、孙权三足鼎立的。三足鼎立格局的真正形成是在刘备夺取蜀地之后。

现在的刘备既要面对北方曹操明面上的威胁,又要防备盟友孙权的潜在威胁。要消除威胁,只有壮大实力,而要壮大实力,只有西进一途。

庞统劝刘备西取益州的思路清晰明确,只靠荆南四郡,不足

入蜀之议——兼弱攻昧逆取顺守

以对抗曹操乃至孙权,必须西上,夺取益州,壮大实力,才有能力与曹操、孙权争夺天下。先西上益州,待实力强大,再回来与曹操、孙权对抗。

其实,庞统还有些话不便明说,而刘备也清楚的,那就是必须夺回襄阳、南阳,夺取完整的荆州。只有如此,刘备在荆州的地位才能更稳固。

原因之前说过,荆州的人才十之八九在江北,而江北荆州的襄阳、南阳又在曹操手上,刘备必须从曹操那里夺过来,才能确保自己阵营的稳固。因为如今他的政治、军事班底的骨干是由荆州人组成的,而这些荆州人的家乡大多都在敌占区,他们的很多亲人也在那边。

投奔刘备即意味着与家乡分别、与亲人分离,短期是可以忍受的,但长期肯定是不可行的。典型的就是庞统家族。庞统在江陵归附刘备,但留在襄阳的他的家人便从此与他分隔两地。

庞统的弟弟庞林娶的是习祯的妹妹,他们的家在襄阳。而庞林追随哥哥庞统一起投奔刘备之后,庞林夫妇便只能分隔两地。

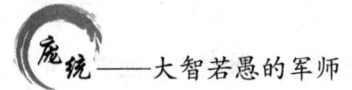
庞统——大智若愚的军师

十余年后，刘备东征伐吴，庞林作为黄权的部将随之在江北作战。猇亭兵败，黄权所部被隔在江北，归路被阻，被迫降魏，庞林才阴差阳错地回到襄阳与妻儿团聚。

那些率领宗族部曲投奔刘备的人如魏延、霍峻，他们的家乡也多在敌占区，而他们率领的又都是宗亲子弟，这些人当然希望能早日打回老家。

刘备执着于北伐，很大原因也是很多部下的家在北方。北伐是他的志向，也是部下的集体意愿，这是大家共同的心愿。用"归心似箭"形容这些追随刘备而家眷又在敌占区的人再合适不过了。这些人背井离乡也要追随刘备，从侧面也能看出刘备的巨大魅力。因此，刘备的部下斗志旺盛，士气高涨，但这也是有时效的。刘备必须尽早尽快地夺回江北荆州，尤其是大族聚居的襄阳，才能长久地稳住他的阵营。

刘备的阵营骨干是早期追随他的关羽、张飞、赵云、简雍、糜竺、孙乾等人。但这些骨干毕竟人数过少，支撑大局的还是荆州人。荆楚之人才是刘备的基本盘，是嫡系，是亲信，是可以信

入蜀之议——兼弱攻昧逆取顺守

任依靠的力量。

从刘备在赤壁之战后兴起,直到蜀汉亡国,荆楚士人都是这个阵营的骨干,是刘备父子的心腹。从刘备到他的儿子刘禅都一以贯之地厚待、重用荆楚人。因为他们知道,荆楚人是他们的基本盘。

曹操为何重用谯沛人?

孙权为何重用淮泗人?

刘备为何重用荆楚人?

因为他们重用的人,都是关键时刻能为他们拼命的人。

忠诚要靠血缘、靠感情,但这只适用于少数人,对多数人,忠诚靠的是利益绑定。

曹操、孙权、刘备与他们重用的地域集团是相互依靠、相互成就,彼此之间以利益为纽带深度绑定的政治军事联盟。

曹操以谯沛而起,孙权以淮泗而兴,刘备以荆楚而霸。

深根固本,以图天下。

宣传上,喊口号的时候,都要说人人平等,对所有人一视同

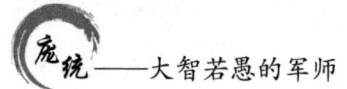
庞统——大智若愚的军师

仁,但在实际情况下,高层都会依据亲疏远近作为选人、用人的标准。

曹操去世时,曹魏群臣在危急情势下的应急反应如实地展现了他们内心的真实想法。

建安二十五年(220),魏王曹操病死在洛阳。此时太子曹丕人在邺城。君王乃一国之主,魏王曹操的突然死去,导致人心惶惶,局势不稳,甚至曹操一直以来视为亲信的青州兵都因此击鼓而散。青州兵仗着曹操的宠信向来骄横,不服管束,能指挥他们的也只有曹操,换作别人是指挥不动这些骄兵悍将的。曹操尸骨未寒,这些人就在紧要关头不经请示选择散伙归乡,这在当时等同于兵变,性质恶劣,曹丕却不敢追究,怕闹出更大的乱子。但青州兵"击鼓事件"引发的紧张情绪却迅速席卷北方,包括曹丕所在的邺城。

形势紧张,有人便提议将各地守城官长全部换成谯沛人,用意不言自明,关键时刻,用这些人保险,不用担心发生叛乱。这是曹魏上层在危急关头内心想法的真实流露。

入蜀之议——兼弱攻昧逆取顺守

平时，他们可是不会这么说的。有些事可以做，但不可以说；有些事可以说，但不可以做。

一个叫徐宣的大臣很快就发现这个不经意间泄露出的秘密可能带来的危害，潜规则是不能说出口的，说出来就会引发混乱。

反应足够快的徐宣立即站出来大声斥责提出此意的人，而且说得义正词严。徐宣说："今者远近一统，人怀效节，何必谯、沛，而沮宿卫者心。"曹丕听说后，连声夸赞徐宣是"社稷之臣"，很快将其提拔为司隶校尉，这是位高权重，只有心腹部下才能担任的要职。

因为徐宣在关键时刻挽救了因有人说错话而可能引发的危机，在表现忠心的同时，也展现出突发情况下的危机处理能力。

对刘备而言，要想发展壮大，必须稳固住他的荆州士人的基本盘，而这些人的家乡又多在江北荆州的南阳、南郡。为此，刘备必须将夺取整个荆州作为他的奋斗目标。而这意味着，他在不久的将来必须与曹操争锋，同时与对荆州抱有野心的孙权进行明争暗斗。

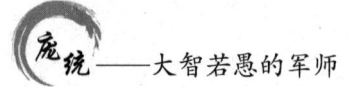

而此时刘备的是实力最弱的,难以同曹操、孙权抗衡。想要扩大地盘,积蓄力量,只有西上益州为将来的北伐和东征做准备。

西面即是益州的刘璋,而刘璋也不是那么容易对付的。首先,刘璋的实力并不差,从后来刘备征战蜀地的经历来看,刘璋的军队在十万人左右,与之前荆州的刘表不相上下。而只占据半个荆州的刘备,相应地实力也要减半。

刘璋不仅兵力占优,还有地形优势,蜀地被群山环抱,地势险峻,易守难攻。只要守住险要,从外面很难攻进去。

蜀道之难,难于上青天。以刘备的实力要强攻进去,不仅难成,而且危险。

刘璋经营蜀地十余年,拥兵十万,据有险要,攻伐之军虽弱,自守之兵有余。

刘备后来在刘璋邀请之下入蜀,也用近三年才攻下益州。

而在刘备的背后还有一个时刻"关注"他的孙权。刘备如正面强攻刘璋而陷入旷日持久的苦战,以孙权的行事风格必然会从

入蜀之议——兼弱攻昧逆取顺守

中作乱。

刘备想要以常规方式取蜀，困难重重。从实力的角度出发，刘备大概率只能望蜀兴叹，但小概率事件偏偏发生了。

在刘备最需要帮助的时候，一个最不可能帮他的人却及时出手，帮助刘备实现了入蜀梦想。

这个帮刘备实现梦想的人，不是孙权，不是刘璋，不是张鲁，而是曹操。

想不到吧？但现实中实实在在地发生了。

当然，曹操对刘备的帮助是间接的，而且有好多次，几乎每次都在关键时刻。助刘备入蜀只是其中一次，以后还会发生更多次。

赤壁之战前，曹操扫平河北袁氏，成为中原霸主，但北方尚未完全统一，因为关中陇右还被马超、韩遂等一众雍凉军阀占据着，而这些人在表面上服从臣属于许都的东汉朝廷。

这导致曹操即使想收拾这些西北军阀都找不到特别合适的借口，但关中是必取之地，长安是必夺之城。卧榻之侧岂容他人鼾

庞统——大智若愚的军师

睡？

赤壁的一场大火，令曹操的南进之路被迫暂停。于是，曹操又重新将目光转回北方。

当初，赤壁之战前，孙刘联军在对比敌我优劣时，就将关中的马超、韩遂看作曹操的劣势，因为关中在马超、韩遂的控制之下，曹操有后顾之忧。

曹操北攻袁氏时，总担心南方的刘表会抄他的后路。如今，方向又颠倒过来，曹操南下攻击刘备、孙权时，也不免担忧身后北方关中的马超、韩遂。

于是，曹操下定决心，在下次南征之前，必须解决马超和韩遂等一众西北小军阀，解除后顾之忧。

但明着来，曹操确实找不出马超、韩遂的错处，那就只能暗着来。马超、韩遂早已归顺朝廷，但汉中的张鲁一直割据一方，不肯听从朝廷号令，那就必须出兵讨伐。

建安十六年（211）三月，曹操派司隶校尉钟繇、征西护军夏侯渊率军西征讨伐张鲁。仓曹属高柔劝道："大兵西出，韩遂、

入蜀之议——兼弱攻昧逆取顺守

马超必以为袭己,必相串联,恐其生变。"对高柔的劝谏,曹操不予理会,因为他要的就是逼反马超与韩遂,让关中诸将心生疑惧。正如曹操所料,马超与韩遂果然反了。马超、韩遂、侯选、程银、杨秋、李堪、张横、梁兴、成宜、马玩等十部一时俱起,聚众十万,屯据潼关,公然反叛。曹操令安西将军曹仁率军与之对峙。

七月,曹操亲率大军西征。议者多言:"关西兵强,习长矛,非精选前锋,则不可以当也。"曹操却胸有成竹:"战在我,非在贼也。贼虽习长矛,将使不得以刺,诸君但观之耳。"

八月,曹操派大将徐晃自蒲坂渡过黄河。

九月,曹操亲率大军渡过渭水,与叛军决战,大败马超、韩遂,乘胜攻占长安。

十二月,曹操留夏侯渊守长安,攻略雍凉,自己则率大军返回邺城,全程都未与张鲁发生交集。

但曹操的西征依然给西南军阀以强烈的震撼,西南军阀即盘踞汉中的张鲁与占据益州的刘璋。

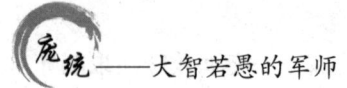
庞统——大智若愚的军师

对曹操讨伐马超、韩遂的军事行动,张鲁作何感想不得而知,但刘璋深受震动,因为接下来,他便做了一件影响深远的决定——请刘备入川。

刘璋的目的明确,请刘备入蜀对抗张鲁。到时候即使曹操得陇望蜀对益州用兵,也还有刘备挡在前面。

刘璋作出的这个决策,与他的别驾张松的极力劝说有很大关系。别驾是一州之中仅次于州牧的高级官员,有参与决策的机会。

听闻曹操要讨伐张鲁,刘璋深感不安,别驾张松都看在眼里,于是,张松便乘机进言,劝刘璋结好荆州刘备。刘璋的不安在于他缺少外援。张松则告诉他,刘备是最合适的人。因为他们同为汉室宗亲,又都在南方长江沿线,都受到曹操的威胁,身份亲近,立场相同,可以抱团取暖,共御外敌。

在张松的极力游说下,刘璋动心了。但刘璋与刘备虽同为汉室宗亲,平素却极少往来,如何建立联系是个大问题。张松告诉刘璋,不必担心,他早就想好了。他的好友法正能言善辩可当此

入蜀之议——兼弱攻昧逆取顺守

任,由法正出使荆州,必然成功。

张松为何在刘璋面前极力推荐法正?因为法正是他的朋友,真正的志同道合的朋友。

法正,关中扶风人,因战乱入蜀,时任军议校尉。在蜀中,法正过得很不如意,被同乡排挤,又不被刘璋重用。幸运的是,他有张松这个好友。正是因为张松,法正的命运才发生转机,时来运转。

张松将向刘璋推荐法正出使荆州的事告知法正。聪明的法正当然清楚此行的重要,他能不能逆风翻盘就看此次荆州之行,成败在此一举。

但当刘璋召见法正,说出准备派他去荆州时,法正却面露难色,表现出十分不情愿的姿态,最后才勉强接下来。

法正这么做当然是故意的,只有这么做才不会令人起疑,才能隐藏真正的目的。

张松向刘璋推荐法正出使荆州,确实是去寻求与刘备建立关系的,但不是为刘璋,而是为他和法正。因为他们都认为刘璋守

庞统——大智若愚的军师

不住益州，于是便提前寻求退路。

原本张松是想投靠曹操的，结果热脸贴上冷屁股，反遭曹操一番羞辱，恼羞成怒的张松这才怒而转投刘备。众所周知，曹操最大的对头就是刘备。

当时，几乎所有的割据群雄都不看好刘璋。周瑜、孙权以极其差的陆战水平居然敢幻想万里远袭拿下益州，也是基于这种认知。曹操不是不想要益州，而是相距甚远，中间隔着张鲁，北方还有马超、韩遂。

曹操刚刚平定关中，陇右还盘踞着众多西北小军阀，而且张鲁还未被征服。曹操的手暂时还伸不到那么远。孙权倒是对益州颇感兴趣，怎奈也因为相距过远，触及不到。更因为在孙权与刘璋之间，还隔着一个刘备。

孙、曹、刘，只有刘备距刘璋最近。但如果不是刘璋主动相邀，刘备想入益州也绝非易事。

法正的荆州之行是影响历史局势走向的重要事件，这是被历史忽略却又极其重要的会面，即法正与刘备的荆州之会。

入蜀之议——兼弱攻昧逆取顺守

初次相见，法正就被刘备的雄霸之器、仁德之君的风范深深征服，一眼便是万年。从此，法正便倾心于刘备，生死相随。

有对比才有伤害，相比雄才大略的刘备，懦弱庸碌的刘璋简直不值一提。如果说来之前，法正还只是抱着投机的心理为他和张松找退路，那么，荆州之会后，法正已经确定，刘备就是他多年来苦苦追寻的主公，也只有刘备这等英雄，才值得他追随辅佐。法正对刘备一见倾心，而刘备也对法正信赖有加。

在刘备的四大谋士徐庶、诸葛亮、庞统、法正四人中，法正与刘备相遇最晚，感情却最深。刘备在接下来的征战中能顺利取蜀，有两大功臣——庞统与法正。如今，两大智囊聚齐，刘备即将开启他人生中最为辉煌的篇章。

法正回来后将荆州之行的所见所闻对张松据实言明，张松亦颇为振奋。法正的话证明他当初的选择是对的。

张松于是更加卖力地游说刘璋："曹公之兵席卷中原，鲜有敌手，若因张鲁之资以取蜀土，谁能御之？刘豫州，使君之宗室而曹公之深仇，善用兵。若使之讨张鲁，则张鲁必破矣。张鲁破,则益州强,曹公虽来,无能为也。今州中诸将庞羲、李异等,皆恃功骄豪,欲有外意。不得豫州,则敌攻其外,民攻其内,必败之道。"刘璋深以为然,于是再次派遣法正将兵四千前往荆州迎刘备入川。

法正二次来到荆州,秘密献策于刘备:"以将军之英才,乘刘璋之懦弱;张松,州之股肱,响应于内;以取益州,易如反掌。"

面对如此良机,刘备却犹豫了。于是,才出现刘备与庞统的那番对话。

庞统指出了刘备在荆州的危险处境,也点明了破解困局的办法,那就是西进益州。如今,机会就摆在眼前,机不可失,庞统劝刘备不要错过良机。

面对庞统的极力劝说,刘备又何尝不明白,这是他摆脱眼前困局千载难逢的机遇。刘备的体会比庞统更深,庞统都能感受得到来自曹操特别是孙权的步步紧逼,刘备的感受只会更加强烈。

但刘备也有他的难处,那就是他对庞统说的,他的行事作风

入蜀之议——兼弱攻昧逆取顺守

与曹操正好相反。一直以来,刘备都是作为曹操的对立面而存在的。

曹操暴虐,他就仁德。曹操奸诈,他则诚信。曹操屠城,烧杀抢掠;他则爱民,秋毫不犯。曹操所到之处,鸡犬不宁;刘备所经之地,百姓如常。

征战沙场二十余年,刘备早已是天下知名的英雄。

天下英雄,当世人杰,枭雄之姿,王霸之略,仁义之名,王室之胄。

这就是世人眼中的刘备。

面对千载难逢的机会,刘备为何会犹豫?因为利用这次机会也是要付出代价的。代价就是刘备多年来坚持的信义。

人家请你去帮忙,你趁机夺了人家的地盘,怎么说都是理亏的。这点从开始就很明确,刘备知道,庞统也知道。

因此,刘备才会对庞统说:"今以小故而失信义于天下者,吾所不取也。"刘备很清楚这么做的代价是失信于人,所以他才不想这么做。而且,这与刘备多年来的行事作风相违背,从内心

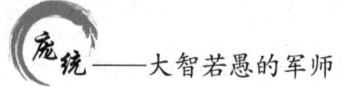
庞统——大智若愚的军师

里,刘备对此是有所抵触的。

但庞统对刘备施加了重要的影响,而影响之大甚至足以改变历史进程。

庞统是个现实主义者,他对刘备说,乱离之时,固非一道所能定。且兼弱攻昧,逆取顺守,五霸之事。这是个比拼实力、弱肉强食的时代,仅靠仁德是无法立足的。历史上的春秋五霸、战国七雄都是如此。你是要做一个纯粹的道德君子,还是如古人那般做雄霸之主,就取决于你现在的选择。

想做道德君子容易,不争不抢,安于现状,那结局也是可以预料的,困守荆南一隅之地,坐等被曹操、孙权四面合围。

如果不想被吞并,那就只能做雄霸之主。这么干,于道德层面确实对不住刘璋,那就在事后对刘璋多加封赏,进行补偿。这已经是刘备所能做的最大限度。

而真正打动刘备的,是庞统的最后一句:"今日不取,终为人利耳。"这个意思很明确,以刘璋的水平终究是守不住益州的,早晚会为人所并。以当时的形势,能吞下益州的,除刘备之外,

入蜀之议——兼弱攻昧逆取顺守

只有两个人，曹操和孙权。不管曹操与孙权谁占领益州，对刘备而言，结果都是灾难性的，也是不可接受的。

既然如此，那还不如我来呢！在庞统的力劝之下，刘备终于下定决心，即使违背道德，也要夺取益州。

刘备能做到这点是不容易的，以信义闻名天下二十余年的他，在冷酷的现实面前，也不得不做出改变，以争取生存的机会。

因为益州对刘备更为重要。这点在《三国志·诸葛亮传》中说得十分明确，成就霸业、复兴汉室的基本条件就是跨有荆益。如今荆州只有半壁，那益州就必须尽全力去争取。

诸葛亮绘制的蓝图，将交由庞统去实践。刘备能与曹操、孙权鼎足而立，即在于其据有益州，三分天下有其一。

在夺取益州之前，刘备的处境是危险的，实力是弱小的。刘备在实力上实现与孙权乃至曹操的对等，则是在取得益州之后。

刘备夺取益州之后，三足鼎立的格局才真正确立，正式形成。

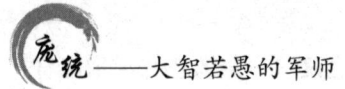

而帮助刘备下定决心走出关键一步的人是庞统。

赤壁之战,诸葛亮临危受命出使江东促成孙刘联盟,由此确立起诸葛亮在刘备阵营的地位。

入蜀之战,则是庞统极力促成,并亲临一线去执行。庞统也因此成为刘备三分天下有其一,夺取蜀地的首功之臣。

未来的汉中之战,刘备的实力达到巅峰,那时辅佐刘备建功立业的则是另一位大功臣法正。

而在即将发起的入蜀之战中,三大谋士各司其职,诸葛亮坐镇荆州为后援,法正随军征战出谋划策,庞统则全程策划,筹谋部署,甚至亲临前线指挥作战。入蜀之功,庞统为最。

涪城初会——未设成的鸿门宴

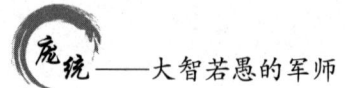
庞统——大智若愚的军师

建安十六年（211）冬，刘备留军师诸葛亮，大将关羽、张飞、赵云守荆州，自己则率军师庞统，大将黄忠、魏延等领兵数万入蜀。

刘备的这个安排大有深意。至少在此时，荆州还是刘备安身立命的大本营，不容有失。刘备率军西进，诱惑是前面的益州，而危险来自后面的江东。在前途未定之际，必须确保大后方的安全。万一进展不顺利，还能再退回来。

既然重任在后方，那留守的自然必须是精兵强将，追随刘备最久、能力最强也最为忠诚的部下，当然是诸葛亮、关羽、张飞与赵云，他们都是经历过血与火的考验的，是可以信任的。

而追随刘备入蜀的，军师庞统是荆州襄阳人，领兵大将黄忠、魏延是荆州南阳人，刘备率领入蜀的军队也是荆州兵。这是名副其实的荆州军团。

荆州军民归附刘备是在赤壁之战前后，满打满算也只有三年时间，这是全新的团队，需要磨合，需要历练。刘备作为新的荆州之主也需要在荆州人心中树立自己的权威。

战争是磨合历练一个团队最迅速、最有效的方法，也是领导人树立威信最直接、最迅速的方式。

刘备率军出征不久，得到消息的孙权便派人来接走孙小妹。而这个孙小妹走的时候还"特意"带走一个人——刘备的儿子、接班人刘禅。刘备漂泊半生到现在为止仅有这点骨血，孙小妹要是带走刘禅，等于要了刘备的老命。

而刘备刚走，孙权就来接人，孙小妹更是直接抢人，所有这些事情都是连续发生的，要说是巧合，估计也不会有人信。孙权和他妹妹配合得如此默契，显然是早有准备，蓄谋已久。但刘备和诸葛亮早就防着这对兄妹呢！刘备让老成持重、行事谨慎的赵云做留营司马，就是让赵云看着孙小妹的。

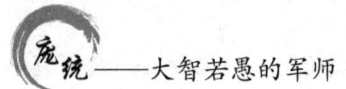庞统——大智若愚的军师

关键时刻，刘备预先的这个安排发挥了作用。赵云率水师在长江上逼停江东舟船拦住孙小妹，迫使对方放回刘禅。算上当阳长坂坡，这已是赵云第二次救下刘禅。长坂坡七进七出单骑救主，三年之后，赵云截江拦舟再次救下刘阿斗。

但孙小妹还是走了，联系之前，为取蜀之争差点兵戎相见的孙刘，在得知刘备率军入蜀之后，孙权立即派人接回妹妹。孙权此举想表达的意思再明确不过，向刘备表示不满以及示威。

孙刘联盟因入川之争产生裂痕，四年之后为荆州归属再起纷争。又过四年，孙权派吕蒙"白衣渡江"偷袭关羽、背刺刘备，再过两年，孙刘为争夺荆州进行战略决战的猇亭之役。从联盟到反目再到你死我活的大战，十年暗斗明争，即从此时而起。

孙权对刘备的独自西行甚为不满。但刘备并不担心，因为荆州有诸葛亮坐镇，有关羽、张飞驻守，他可以完全放心。

此时，刘备一心想的都是如何夺取蜀地。刘备率数万荆州兵向西进发，一路颇为顺利。因为刘璋事先打过招呼，沿途关城不但不阻挡，还都远接高迎。大军所需粮草辎重，各地关口也都尽

涪城初会——未设成的鸿门宴

力筹办，荆州军来到益州入境如归。荆州军入川，有人欢喜有人愁。刘备军行至巴郡，巴郡太守严颜拊膺长叹："此所谓'独坐穷山，放虎自卫'也。"

川中对刘备的到来，呈现泾渭分明的两种态度，一种是十分欢迎，一种是极力反对。因为他们是彼此对立的两个派系。

刘璋的益州此时有两大政治集团，一派是东州人形成的外来派系，一派是益州本地人形成的本土派系。

东州集团主要来自关中三辅与荆州。三辅即左冯翊、右扶风及京兆。长安即属京兆。关中、荆州皆在益州之东，因而称之为东州人。

初平年间，董卓进京，天下大乱。各路诸侯逐鹿中原，大量的关中与荆州百姓逃入蜀地躲避战乱。当时的益州牧刘焉乘机大肆招募流民为兵壮大势力。

因为益州牧刘焉与荆州牧刘表都是宗室外派到地方的州牧，在当地缺乏根基，更缺少实力。二人却走上不同的发展之路。刘表的办法是依靠本地的几个主要豪强，通过联姻通婚等各种方式与之进行政治绑定，换取对方的支持拥护。但刘焉的办法几乎相反，他大力打击地方豪强，重用从关中、荆州等外来势力。

益州牧刘焉之所以敢这么做，就是因为他有东州人的军事支持。"南阳、三辅人流入益州数万家，（刘焉）收以为兵，名曰东州兵。"刘焉将东州精锐招致麾下，组成军队。有东州兵的武力做后盾，刘焉才敢对益州本土势力进行强势打压。

东州兵就是刘焉的基本盘，其地位就相当于曹操的谯沛集团、孙权的淮泗集团、刘备的荆楚集团。刘焉父子想保住益州，就必须要厚待、重用东州人。

但刘璋继位后，却改变路线，开始培植提拔益州人，这等于变相冷落东州人。之所以会出现如此重大的政策变动，原因在于刘璋并不是刘焉指定的接班人，而是临时被人扶上位的。刘焉有四子，长子刘范、次子刘诞都在朝为官。初平年间因参与马腾的政变被杀，剩下的只有三子刘瑁与四子刘璋。

刘焉因承受不住打击不久便死去。三子刘瑁很有才干，也是刘焉属意的接班人，但刘焉之前并未明确指定接班人选，又突然病亡。益州豪强赵韪等人认为刘璋性格柔弱，更好控制，便拥立刘璋继位。刘璋刚刚接班，就发生东州系将领甘宁、沈弥、娄发等人的叛乱，据说这些人之所以会叛变是受到荆州牧刘表的怂恿和支持。

虽然同为汉室宗亲，又都是地方州牧，但益州与荆州从开始就是敌对的。刘表虽然打仗很差，但挖墙脚的水平很高，搞策反这种事情发生在他身上一点也不奇怪。

叛乱很快被平息，甘宁等人逃往荆州。刘璋得知是刘表在背后搞鬼，便任命赵韪为征东中郎将屯驻在与荆州交界的巴东郡。

赵韪想专权，刘璋明着让赵韪去打刘表，实际上是用这种方式将其赶出权力中心。

汉中张鲁原本是刘焉名义上的部下，长期盘踞汉中。等刘璋接班后，张鲁连名义上的部下也不想做了。张鲁不把刘璋的政令放在眼里，全然不把他当回事。老实人也是有脾气的，刘璋大怒，将张鲁留在蜀地的家人全部杀死，双方就此彻底翻脸。

为对付汉中的张鲁，刘璋又将东州系的大将庞羲派到巴西郡

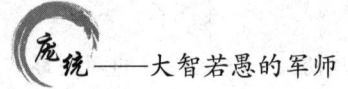
庞统——大智若愚的军师

做太守与张鲁对峙。

赵韪、庞羲先后被调出成都，刘璋才开始掌握实权。

建安五年（200），赵韪利用蜀人对东州兵的怨恨起兵反叛，蜀郡、广汉、犍为三郡群起响应。益州虽大，但北面的汉中被张鲁占据，南面的南中四郡又在实际上处于各自为政的情况，刘璋能控制的只有成都所在的蜀郡以及蜀郡之北的广汉郡与东边的犍为郡。结果，在赵韪的振臂一呼之下，三郡都反了。

赵韪率叛军很快便打到成都。关键时刻，刘璋靠着东州兵的拼死抵抗才打败赵韪，转危为安。赵韪兵败被杀，但东州兵如此拼命并不是为刘璋而是为他们自己。因为多年来的横行霸道，东州兵与蜀人结怨甚深。东州兵很清楚，蜀人一旦得势，必然会对他们进行报复。他们是为了自己，才跟叛军玩命拼杀的。

益州派系林立，内耗严重，赵韪叛乱才被平定，庞羲又欲为乱。好在庞羲与刘璋有姻亲才被勉强稳住。

刘璋是被益州豪强拥立上位的，东州人对他本来就没什么感觉，要不是需要抱团取暖，他们才不会为刘璋拼命。

涪城初会——未设成的鸿门宴

而刘璋在度过危机后，仍继续重用益州本地人，如蜀郡人别驾张松和张松的哥哥广汉太守张肃，以及同为蜀郡人的大将张任。

东州人在刘璋的政权中仍占据重要位置，但相比之前，地位和待遇已经下降很多，这自然引起东州人的不满。之前上位的，刘璋只能承认既成事实，但对东州人的提拔则明显不如益州人。

刘璋可能并未意识到他的政权基础是东州人，而他重用益州豪强的举动，导致他正在失去他的基本盘。当然也有可能，他知道，但他是被益州人推举上位的。当初东州人更支持他的哥哥刘瑁这点，想必也令他耿耿于怀。于是，越来越多的东州人对刘璋失望，甚至心怀不满。这些人中就有张松的两个朋友法正与孟达。

法正与孟达都是关中扶风人。在刘璋主政大力起用提拔益州人的时代，他俩不可避免地遭受冷遇，因而心生怨恨。但蜀郡人张松居然跟他们能走到一起，确实有点不可思议。

在刘璋平稳掌权后，益州人受到重视，大多都选择支持刘

庞统——大智若愚的军师

璋,张松算是其中的异类。张松背叛刘璋,可能只是单纯地对刘璋的不认可,这与当时的主流看法相同,认为在这个群雄争霸的时代,以刘璋的能力和水平注定是守不住益州的。享受过富贵荣华的人,便再难去忍受贫寒。

由俭入奢易,由奢入俭难。

为长保富贵,张松决定另投明主,起初他选的人是曹操。原因也很简单,群雄之中,曹操最强。然而,曹操并不待见他。张松转而投向刘备,因为刘备是曹操最大的敌人。

张松通过刘璋派法正去荆州联络刘备,法正第二次去荆州迎刘备入蜀是与孟达一起去的。三人中,张松留在成都为内应,法正跟随刘备大军出谋划策,孟达则领兵四千协助防守荆州。

东州派不得志的法正、孟达热烈欢迎刘备入蜀,以期改变现有的政治格局,使他们的仕途能看到希望,得到晋升。

益州本地人多数则持强烈的反对态度。他们对现状很满意,不希望发生改变,当然只想保住既得利益。因而,他们才会反对刘备进蜀。

涪城初会——未设成的鸿门宴

主簿益州巴西郡人黄权劝谏刘璋："刘左将军素有骁名,今请到蜀,以部曲相待,则不满其心;以宾客之礼招待,则一国不容二君,若客有泰山之安,则主有累卵之危。不若闭境以待时清。"刘璋不但不听,还将黄权外放为广汉县长,将其赶出成都。

从事益州广汉郡人王累倒悬州门死谏,但刘璋还是一如既往,执意迎刘备入蜀。

欢迎刘备进蜀的是关中人法正、孟达。

反对刘备入蜀的是益州人黄权、王累。

东州与益州彼此对立,支持者与反对者立场鲜明,他们的行事符合他们以往的作风,他们的立场也符合他们的政治利益。

刘璋不听黄权和王累等人劝谏,欢迎刘备入蜀,并且要亲自去迎刘备。刘璋之所以会有如此举动,是因为在这项决策的背后,有他自己的考虑。

益州外部受到张鲁、曹操的威胁,内部外来的东州人与益州本地人又矛盾重重。刘璋需要引入外部势力来制衡内外敌人。

难道刘璋看不出请刘备进蜀可能带来的风险吗?刘璋当然能

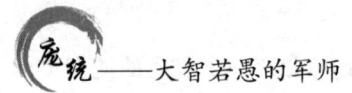

看出来,但他认为风险可控。刘璋认为自己能控制住局面。刘璋自信的理由是,刘备的兵力很少,而蜀中富强,整体实力占优。

刘备之所以能入川,被请进蜀地,令孙权眼红嫉妒,其实原因恰恰在于此时的刘备势力依然有限。荆南四郡地瘠民贫,即使加上半个南郡,一座江陵城,也不会改变多少。

正因为刘备实力弱,刘璋才敢请刘备入蜀。

刘璋请刘备进入蜀地,可不是入腹地,而是去边地,也就是与张鲁对峙的前线。刘璋请刘备驻守北部边界防备曹操,其用意与之前荆州刘表请刘备驻守荆州北部的新野,徐州陶谦请刘备防守徐州北面的小沛,用意几乎相同。他们都是希望请刘备对抗来自北方曹军的威胁。

刘璋想得不错,但后来事情的发展证明,面对英雄刘备,他控制不住局面。还有刘璋对潜在的危险尚未引起足够的重视,那就是他的政权真正的基本盘东州兵早已对他心怀不满,离心离德。他依赖的益州人却不掌控军队,益州军队真正的主力是东州兵。

涪城初会——未设成的鸿门宴

刘璋之前利用荆州刘表牵制赵韪、利用汉中张鲁制衡庞羲，风险操控玩得很是纯熟。以往的这些经验，令刘璋对如何与刘备相处充满自信。但赵韪和庞羲的级别怎么能同刘备相比？

当今能与刘备相提并论的人只有曹操，连孙权都不够格，要不是靠他父兄的基业，孙权连入场的门都碰不到。

刘璋带着众多文武从成都出发，前往他与刘备事先约定的地点涪城相会，随同刘璋一同前往涪城的还有蜀地的三万精兵。

刘备率数万荆州兵一路西进，来到涪城，在这里与迎接他的刘璋相会。尽管之前两人素未谋面，但久在官场的他们还是很容易进入角色，稍作寒暄，便畅谈起来，宾主双方，相谈尽欢，一点也看不出来是刚刚相识，却很像是久别重逢的老友。

刘备自入川以来，接受的馈赠、得到的辎重极多，用史料的原文是"以巨亿计"。刘璋在花钱方面，很是大方。刘璋希望以此拉拢刘备，使刘备为他去讨伐张鲁。可他不知道，刘备真正的目标是他。

张松甚至悄悄让法正带话给刘备，请刘备就在宴席上动手，

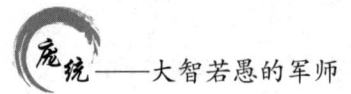
庞统——大智若愚的军师

解决刘璋，一鼓作气，夺下益州。

法正将张松的意思转达给刘备。但刘备认为仓促行动，过于冒险，此事还应从长计议。军师庞统却很赞同张松的计划，他也主张利用宴会，摆下一场鸿门宴，不需沙场拼杀，不必旷日持久，即可夺下一州。刘备说："初入他国，恩信未著，不可如此，还需谨慎。"

在夺取益州的过程中，庞统表现得比刘备还要急迫，这种冒进的心理反应在具体行动上就是过于焦躁。因为庞统急于建功，加上他来得比诸葛亮晚，错过了赤壁大战的立功机会。

诸葛亮出使江东促成孙刘联盟，在整个赤壁之战的过程中大发光芒，充分展示出其卓越的才华，从而成为刘备的左膀右臂、心腹谋臣。刘备与诸葛亮关系日益紧密，甚至连与刘备形影不离亲如手足的关羽、张飞都心生嫉妒。

其实，庞统又何尝不是如此？与诸葛亮同为军师中郎将的庞统也渴望立功。因为只有如此，才能使他成为名副其实的军师。

与诸葛亮并列为军师，对庞统而言，既是荣耀，也是压力。

涪城初会——未设成的鸿门宴

之前在荆州，庞统得到的是荣耀，那么现在，庞统感到的就是压力，巨大的压力。因为刘备阵营的人，谁都清楚此行的重要意义。

此来益州，只许成功，不许失败。一旦受挫，深入蜀地的荆州军想退都退不回去。更何况江东还有虎视眈眈的孙权。而且，刘备此行是志在必得，他压根儿就未想过失败的可能，因为他必须成功。

刘备的内心是背负着沉重压力的。而军师庞统相比刘备，只多不少。出征前积极筹谋的是庞统，随刘备入蜀的是庞统，劝刘备设鸿门宴擒拿刘璋的还是庞统。

军师庞统是真心为刘备谋划，也是一心想建立功勋，以不辜负刘备的知遇之恩。但庞统这种急迫的心情，导致他失去了一个军师应有的沉稳，表现在行动上就是急躁冒进。

张松的计策过于冒险，其实并不具备执行的条件。放在平常，庞统可能也不会赞同，但此时一心想立功的庞统已经顾不得许多。但他忘了，时机尚未成熟，欲速则不达。过于心急，反而

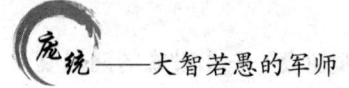

会影响事情的开展。

好在刘备还是一如既往的沉稳,姜还是老的辣。刘备纵横沙场二十余年,见过很多大风大浪。刘备明白面对极致的诱惑,必须沉得住气,稳中求胜。越是想要,越不可心急,因为急躁最容易出错。刘备与军师庞统相处的时间不长,但两人感情很深,因为本质上,他们属于同类人,都不甘平庸,都渴望建功立业。

但在涪城,刘备极为少见地未采纳庞统欲设鸿门宴的计谋。这是刘备的明智之举。

智者千虑,必有一失。庞统的计划过于冒险,成功的可能性并不大。

张松跟庞统都实在小看了刘璋。虽然在群雄之中,刘璋的能力属于垫底的水平,但再怎么说,刘璋也是坐镇一方的一路诸侯,在益州经营也将近二十年了。

刘璋怎么可能不做防备?涪城相会,刘璋为何要大张旗鼓,极尽奢华,明明是同宗相会,却要带上三万精兵前往。往好听点说,这是摆出大场面,给足刘备面子。但细细想来,这又何尝不

涪城初会——未设成的鸿门宴

是在防着刘备呢？带上三万精兵，只为一场欢迎聚会，谁信呢？

刘璋与刘备的聚会整整持续三个月，两军将士欢饮百余日，尽欢而散。

刘璋搞这么长时间，就是在向所有人展示自信，他能控制场面。如此长的时间，想摆鸿门宴，有的是机会。

而且，很多人其实忽略了一个重要的问题，两军相会，地点为何会选在涪城？

这个聚会地点的选择也大有深意。地方是刘璋选的。至于为何选择涪城，刘璋未做说明，因而众人大多不知其中用意。但三十多年后，诸葛亮的接班人蒋琬却给出了答案。

蜀汉延熙六年（243），大将军蒋琬率汉军主力从汉中向南移驻涪城。在给后主刘禅的上表中，蒋琬说明了他驻军涪城的理由："今涪水陆四通，惟急是应，若东北有虞，赴之不难。"

看到这里，刘璋的用意已经不言自明，涪城水陆交通四通八达，如果刘璋遭受攻击，可以迅速从周边调集援军，水陆并进，赶来增援。而且，刘璋此行他自己就带去三万士兵。

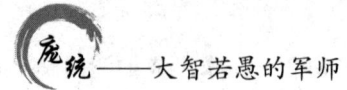
庞统——大智若愚的军师

再看刘备的兵力,即使刘璋将驻守白水关的驻军即白水军交给刘备指挥,算上白水军,刘备的军队也才勉强达到三万人。

刘璋在预先选定的地方与刘备相会,还带着三万士兵。只要刘璋一声令下,更多的军队随时可以从四面八方赶过来。如果荆州军有异动,很快就会陷入刘璋军队的四面合围。

刘璋是做好了充足的准备才来赴会的,为的就是防备刘备搞鸿门宴。

以刘备久历战阵的军事经验,自然轻易就能看出刘璋的军事布局,才选择按兵不动,并未采纳庞统的军事冒险建议。

而且,刘备深知打仗不仅要算军事账,也要算政治账。刘备未采纳庞统之计的根本原因,用刘备自己的话说还是因为"初入他国,恩信未著"。

庞统在整个行动中的表现,归纳起来只有两个字"急躁"。

因为急躁,庞统才会在初到蜀地之际便建议刘备摆鸿门宴,希望以一场宴会平定益州。

因为急躁,庞统才在接下来的决策中建议昼夜兼程突袭成都，以期快速攻取益州。

因为急躁，庞统才会在遭遇坚城"雒城"，久攻不下时，靠前指挥，甚至亲临一线率众攻城，最后中箭阵亡。

庞统的悲剧就在于他的立功心切，急于求成。

与之形成鲜明对比的是刘备，在整个取蜀过程中，刘备的表现也用两个字概括的话，那就是"沉稳"。

因为沉稳，刘备才能抵住诱惑，未采纳庞统鸿门宴之计。一场宴会坐定一州，诱惑虽大，但风险更大。军事行动固然需要冒险，但这种冒险必须在可控的范围内，必须是在对双方军事实力各方面进行估算之后，谋定而后动才是最稳妥也是最可靠的方案。

因为沉稳，刘备才不肯突袭成都，他知道风险过大，变数过多。从刘璋在涪城相会时的各种预防措施，刘备就知道刘璋对他并不完全信任，而且做好了各种应急准备。远程奔袭很难取得预期效果，反而会将自己的精锐部队置于危险之中，刘备才会不得已选择最稳妥的计策，设计擒杀白水关守将，然后再乘机突袭白

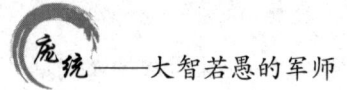
庞统——大智若愚的军师

水关。

因为沉稳,刘备在围攻雒城的过程中,并未因坚城难下而发生慌乱,而是坐镇中军从容指挥,攻略益州周边郡县,扫清外围,再攻雒城。在战事陷入胶着之际,刘备仍能临危不乱,镇定自若,这需要过人的胆识跟魄力,需要极强的政治智慧以及军事才干,才能在危局中,稳定军心,掌控局面。

持续百日的漫长欢会终于落下帷幕,宾主尽欢。至少表面如此。

会后,刘璋上表朝廷推举刘备行大司马,领司隶校尉;刘备亦上表推举刘璋行镇西大将军,领益州牧。

葭萌献策——袭取涪城

庞统——大智若愚的军师

涪城相会之后，刘备率军北上去敌张鲁，刘璋则率部南下返回成都。

刘璋据有益州，地广兵多，为何却奈何不了张鲁，还要冒着风险请刘备入蜀？

因为刘璋治下的益州，是一个"散装"的益州，东州兵与益州人彼此对立，仇怨极深。他们不打起来，就已经很给刘璋面子了。

张松在劝刘璋迎刘备入川时说："今州中诸将庞羲、李异等，皆恃功骄豪，欲有外意。不得豫州，则敌攻其外，民攻其内，必败之道也。"不管张松说这番话的用意如何，这些话本身都是实情。

葭萌献策——袭取涪城

赵韪叛乱虽然平息，但其部下李异等人依然骄横跋扈。庞羲对阵张鲁多年，却是出工不出力，他不反过来打刘璋，已经是念在姻亲的情分上了。

分裂的益州做不到广泛深入的动员，自然也就做不到资源的集中。刘璋对张鲁的优势并不像看上去那么明显。刘璋本人的军事能力更是一言难尽。部下将领派系林立，以庞羲为典型，每个人都想保存实力。

刘璋只能请外援。曹操声言要讨伐张鲁的举动则加速了这一进程。刘璋不希望汉中落入敌手，因为汉中是益州的门户。汉中对益州有多重要呢？七年之后，刘备那时早已夺得益州，他率军北上与夏侯渊、张郃为争夺汉中展开大战。

但夏侯渊、张郃并不容易对付，刘备的仗打得很艰难，于是就派人回成都搬兵。诸葛亮拿到书信后左右为难，因为当时蜀中的犍为郡已经发生叛乱。行事谨慎的诸葛亮有些犹豫，便问从事犍为人杨洪应该如何是好，杨洪说："汉中，益州咽喉，存亡之机会，若无汉中，则无蜀矣。此家门之祸，发兵何疑？"杨洪的

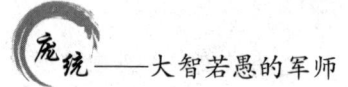
庞统——大智若愚的军师

话说得很明确,汉中是益州的咽喉。汉中丢失,益州也保不住。汉中之于益州是唇亡齿寒的关系。

曹操如兵进汉中,不出预料会夺取汉中,这点争议不大。但张鲁的结局有两个,要么抗拒曹操,被干掉;要么投降曹操,被留用。如果汉中归曹操所有,刘璋的结局也不难预料,那就是被曹操吞并。区别仅在于是主动迎降,还是被迫投降,打是肯定打不过的,抵抗的结果也是战败归降。

刘璋真正害怕的是张鲁被曹操重用,反过来对付他。一个张鲁,他都搞不定,如果张鲁的背后站着曹操,刘璋是必输的结果。众所周知,刘璋与张鲁有杀母之仇,这两人之间是没有任何妥协余地的。对刘璋而言,曹操早晚会来,但在曹操来之前,必须先干掉仇敌张鲁。

但仅靠刘璋以及他手下的那帮骄兵悍将肯定搞不定张鲁。曹操已经平定关中,南下汉中是迟早的事。危机近在眼前,这才是刘璋急于邀请刘备入蜀的原因。

刘璋打不动张鲁其实不奇怪,即使刘璋的手下听命效力,汉

葭萌献策——袭取涪城

中也不是轻易就能攻下的。

因为张鲁其人并不简单。汉末群雄之中,张鲁是最特殊的一个。他不仅是军阀,还是教主,五斗米教的教主。

张鲁的汉中政权,不是世俗政体,而是政教合一的政权。因此张鲁的地盘虽小,但组织动员能力很强。对手又是一个动员水平很差的"散装"益州。张鲁才能以弱抗强,同刘璋对峙十余年。

张鲁的地盘不仅有汉中,还占着部分巴郡。巴郡是賨人的聚居地,这些賨人素以勇悍闻名。张鲁以道教百姓,賨人信奉五斗米道的人很多。建安五年(200),刘璋与张鲁开战。巴郡部落首领杜濩、朴胡、袁约等纷纷站队张鲁对抗刘璋。

这个时期,又发生赵韪叛乱,刘璋处于两线作战,刘璋对付赵韪,令大将庞羲进攻张鲁。庞羲私下大量招募賨人为兵,也产生过叛变的想法,虽然叛乱未成,但也不思进取,满足现状。

刘璋想靠益州自身的力量击败张鲁并不现实,要是能击败张鲁,早就击败了,何至于等到现在。

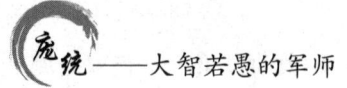
庞统——大智若愚的军师

要想改变势均力敌的均衡局面,只能引入外援。刘备就是刘璋希望改变现状引入的外部援军。

但引入外援会不会变成引狼入室,这点刘璋其实比任何人都担心,即使只能控制有限的部分地盘,但他依然是益州牧。

刘璋的想法是,既然汉中他打不下来,那还不如"送给"刘备。他的军事能力弱,那就交给有能力的人去做。刘备就是那个有能力的人。他对张鲁没辙,但刘备肯定行,刘备可是在赤壁打赢过曹操、追着曹操到处跑的人。以刘备的能力,攻取汉中易如反掌,到时有刘备坐镇汉中,还能为他挡住南下的曹操。虽然失去汉中,但他的安全依然有保证。

既要借助刘备的力量去扫平汉中张鲁的势力,又要对刘备小心防备,刘璋的心里复杂又矛盾。这种复杂矛盾的心情正是当时局势的真实反映。

刘璋对刘备始终是加以防范的,不管表面上多热情,又是资助钱粮,又是补充兵员,但在内心,他始终是小心防备的。

从刘璋给刘备安排的驻军地点,也能看出刘璋的这种心思。

葭萌献策——袭取涪城

刘备北上之后，驻军的地方叫葭萌关。

在葭萌关前方不远处即是川将杨怀、高沛驻守的白水关，在葭萌关后方还有蜀中最险要的剑门关。

自古以来，蜀中便以险峻的地势闻名于世，蜀地易守难攻，蜀道之难，难于上青天。

从汉中南下入蜀，必经白水关、葭萌关、剑门关，三关是蜀中的北方锁钥。三关之中尤以白水关最为紧要，在汉中不在掌控中，白水关即是蜀地的北方门户，与之对应的蜀地的东面门户就是著名的白帝城。白水关与白帝城，并称"益州福祸之门"。这是法正做出的评语，而这个评价结合历史发展，可以说相当符合事实。

白水关位于金牛道由汉中折向益州的拐角处，刚好处于秦岭南麓和四川盆地北部大山之中与江河环绕之处。白水关控扼川北咽喉，它的西南方向是大小剑山，也即是后来天下闻名的剑门关的所在地，东侧是大巴山余脉，北侧是险峻高耸、难以逾越的龙门山脉，南侧沿白水可入葭萌关。

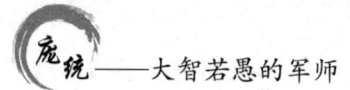
庞统——大智若愚的军师

处于如此地势之下，白水关可以说是南北雄峰峻岭、东西巨壑天堑，而这些四面高山相汇的底部，因为白龙江和其他与白龙江交汇的河流的存在，又形成一个小小的半岛，使得白水关底部边缘形成一个天然的缓坡平坝，这就有利于驻军修筑关隘，是古代秦蜀汉陇之间的第一雄关。

白水关是益州门户，如此险要；白水关是刘璋与张鲁长期对峙的前线，又是如此重要。因而驻守在这里的白水军是川军精锐。负责镇守白水关的大将杨怀、高沛自然也是刘璋的心腹亲信。《三国志·庞统法正传》："杨怀、高沛，璋之名将，各仗强兵，据守关头。"白水关的精兵强将是刘璋手中的一张王牌，以前用来威慑张鲁，如今请刘备入蜀驻军葭萌，也是用来震慑刘备的。可惜，刘备的实力强大，刘璋的白水军镇不住，不仅镇不住，这支精锐部队不久之后便为刘备所用，反而成为摧垮刘璋的军事力量。

白水关如此重要，为何并不出名，在后世鲜为人知，名气远不如剑门关，甚至比不过葭萌关呢？因为嘉陵江的改道。古代的

葭萌献策——袭取涪城

道路大多沿江河而行，关城险塞也依河山之险而建。南北朝时，嘉陵江改道广元直奔古阳安关而去，白水关由此便失去巴蜀雄关的地位。

白水关扼守着入蜀的主要通道——金牛道。金牛道是自古以来入蜀的主要通道，凡南下入蜀，十之八九走的都是金牛道。

而关于金牛道的由来，还有一个"石牛粪金"的故事。战国时，秦国欲向南扩张，南下伐蜀。古蜀国虽弱，但占据地利，蜀道难行，外人很难进入蜀地。秦惠文王听说蜀王贪财，便令人凿出几个石牛，并到处传言说，秦王有数头石牛，虽是石牛，粪便却是黄金。这即是"石牛粪金"的典故。秦王派人告知蜀王，欲将粪金石牛送与蜀王，怎奈道路不通。蜀王贪图黄金，便举全国之力凿山开道，迎回石牛。路通之后，紧随石牛而来的便是秦国的伐蜀大军。蜀王得知秦军南下，便率军在葭萌关抵抗，但抵挡不住秦国的虎狼之师，兵败身亡。

自秦以后，由北向南，入蜀之师多走金牛。

在高山密布、峡谷纵横的蜀地，如何修筑道路？是否有规律

庞统——大智若愚的军师

可循？答案是肯定的，沿河而建，因河而兴。即使是科技如此发达的今天依然遵循这条规律。

蜀地河量充沛，能行船运输、起到交通动脉的河流，东西走向的是长江，南北走向的则有知名度仅次于长江的嘉陵江。嘉陵江有南、北两个源头，南、北两源将汉中盆地与嘉陵江连接，直通金牛道深入蜀地。

而在蜀中，南北走向的河流还有一条白龙江。白龙江与金牛道的交汇处就是白水关，白龙江与嘉陵江的交汇处即是葭萌关。

白水关以南的蜀道能顺畅通行的也是白龙江谷道。走出白龙江河谷后，转向西南进入清江河谷，到达剑阁，从剑阁南下再次进入崇山峻岭，沿大剑河谷再向南就是以险峻知名的剑门关。

自古以来，形容关城的险要，常常会用到一个成语"一夫当关，万夫莫开"。这八个字用在剑门关再恰当不过。因为实际情形真是如此，并不夸张。

剑门关的正式修建是在蜀汉建国后，由蜀汉丞相诸葛亮亲自设计，指挥军民修筑的。

葭萌献策——袭取涪城

不过，在此之前，如此险要之处肯定也有城墙等防御设施，只不过不是那么完备罢了。正如连弩早在战国时代就已出现，秦始皇就用连弩射过海鱼，但诸葛亮后来又在前人的基础上加以改进，使之威力更强。剑门关也当是这般情况。如此险要的地方，刘璋在这里肯定会有驻军，而且兵力不会很少。因为剑门关口对成都的重要不言而喻，任何人主政蜀地，都会高度重视剑门的防守。

剑门关位于今天的四川省广元市剑阁县南约三十里处。

由汉中南下入蜀主要有三条路，分别是金牛道、米仓道与荔枝道。但只有金牛道适合大军通行，走得也最多。因为金牛道直通成都。

而剑门关就在金牛道的咽喉之处，剑门关破，则蜀地不存。历史上，作为入蜀咽喉、兵家必争之地的军事重地，剑门关却从未从正面被攻破过，这足以证明它的险峻。

关于剑门关的战事，最著名的还是蜀汉炎兴元年（263）九月，汉大将军姜维与魏镇西将军钟会在剑门关前的那场大战。

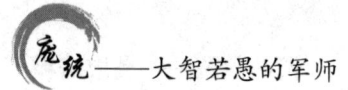

庞统——大智若愚的军师

曹魏景元四年（263）八月，魏国趁姜维率汉军精锐屯田沓中，远离汉中的机会，起兵十余万，兵分三路，大举攻蜀。魏征西将军邓艾率三万人自狄道向甘松、沓中进兵，妄图拖住姜维使其难以救援汉中；魏雍州刺史诸葛绪率三万人自祁山趣武街桥头意图封堵姜维从沓中返回汉中的归路；魏军主帅镇西将军钟会则率主力十余万人分别从斜谷、骆谷、子午谷杀向汉中。

姜维虽然巧施妙计，摆脱了诸葛绪与邓艾的围追堵截，但还是晚了一步。阳安关因叛将蒋舒投敌而陷落。守将傅佥战死，关口失守。魏军得以长驱直入。

姜维只得率部退守剑门关。钟会大军随后杀到关前。当时，钟会刚刚合军诸葛绪的部队，拥兵十余万。姜维率领的汉军虽是蜀中精锐，但也只有三万人。

钟会的兵力数倍于姜维，但面对剑门关也只能望城兴叹，多次攻城都以失败告终。

姜维率军坚守剑门关，列营守险。魏军屡攻不下，粮草将尽。钟会已有退兵之意。此次攻蜀，本是司马昭弑君之后为转移公众视线做的一次军事进攻。攻占汉中，已经可以应付各方。身为司马昭心腹的钟会自然也明白其用意，正准备撤军。却不料，邓艾居然不顾所部将士的死活，率军穿越七百里阴平小道，深入蜀中，在绵竹击败诸葛瞻，一路推进到成都，迫使刘禅投降，蜀汉居然就这么亡了。

后主刘禅随即派人令姜维率军投降，钟会才得以开入剑门关，进入成都。直到蜀汉亡国，魏军也未从正面攻进剑门关。

葭萌关，论在前线的重要性不如白水关，论关城的险峻不如剑门关。但葭萌关在对抗汉中张鲁时也是地位仅次于白水关的重要据点，在拱卫蜀中时虽不如剑门关重要但也是入蜀的重要关口。

葭萌关，说它不重要吧，它又很重要；说它重要吧，它又不是最重要的。

葭萌关并不在金牛道上，它守护的是蜀地，但不是成都，守卫成都的天险是剑门关。葭萌关在嘉陵江谷道上，建在白龙江与嘉陵江的交汇处，从葭萌关溯白龙江而上西北可以增援白水关，从葭萌关沿嘉陵江而下西南可到巴西郡的阆中。建安六年

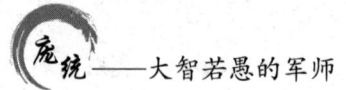

（201），刘璋三分巴郡，从巴郡分出巴西郡、巴东郡，以庞羲为巴西太守。

之前说过，庞羲与刘璋是姻亲，庞羲的女儿嫁给了刘璋的长子刘循。但在利益面前，姻亲也靠不住。庞羲虽表面上仍归属刘璋，但实际上有明显的割据倾向。所以，为了使庞羲乖乖听话，刘璋时不时还要威胁震慑一下这个不靠谱的姻亲。

刘备被刘璋安排在白水关之后、剑门关之前的葭萌关，被前后两大雄关夹在中间，如有异动，就会立即陷入前后夹攻、进退失据的被动局面。

而从葭萌关西上可随时增援驻守白水关的杨怀、高沛率领的白水军，沿嘉陵江而下可及时威慑巴西郡的庞羲。

将刘备放在很重要、又不是最重要的葭萌关，前有白水关就近监视，后有剑门关驻军督阵。现在再来看刘璋对刘备的这个安排，是不是"很贴心"？岂止是贴心，刘璋对刘备如此"关照"，简直是煞费苦心！

巴西郡治所在的阆中是阆苑仙境、巴蜀要冲。从阆中沿嘉陵

葭萌献策——袭取涪城

江北上可到白水关,再沿白龙江北上即是汉中,从阆中沿嘉陵江而下可抵江州进入长江。北上可增援汉中,南下可守护白帝城,阆中是巴地的战略枢纽,特别适合做战略预备队的驻地。后来长期担任巴西郡太守驻守阆中的就是三将军张飞。

而此时连通汉中前线与三巴之地的葭萌关,对刘璋而言是更适合放预备队的地方。刘备的荆州兵担任的即是刘璋的战略预备队。

在刘璋的规划里,与汉中张鲁发生战事时,驻军葭萌关的刘备军可北上增援白水关,巴西郡的庞羲如有异动,也可随时沿嘉陵江南下平乱。

刘备率军来到葭萌关后,未见其与张鲁开兵见仗的记载。屯兵葭萌关的刘备对打仗丝毫不感兴趣,此时他的兴趣都在群众工作上。

史书记载,刘备在葭萌关"厚树恩德,以收众心"。

刘备的强,体现在方方面面,不仅是军事能力强,军事上能与他对阵的只有曹操等少数人;他的政治工作也很强,刘备在徐

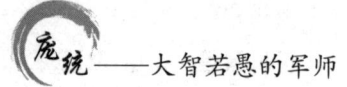

庞统——大智若愚的军师

州时就深得人心，虽然队伍经常被打散，但常常是散而复聚。吕布就是眼红刘备的这种令人嫉妒的号召力，才会在辕门射戟救下刘备后，又再次主动发起攻击，迫使刘备离开徐州。因为只要刘备在徐州，即使吕布占据徐州，人们也会再次跑到刘备那边去的。

为何刘备常常打败仗，还说他很强呢？因为在真实的历史中，百战百胜是很少见的，胜败乃兵家之常事。强者也会打败仗，而且还会经常打败仗。以三国而论，曹操打过的败仗就不少，宛城战张绣，赤壁逢周郎，但谁能说曹操不是强者？真正的强者不是不打败仗，而是能做到败而不乱，败而不散。

未经历过失败，是很难看出强者与弱者的区别的，甚至弱者看起来可能还要更强一些。但很多时候，失败也是照妖镜，外强中干、表面强大内在虚弱的人会立即原形毕露，以为很强大其实是一盘散沙不堪一击，而真正的强者经历过挫折会变得更强。因为强弱的区别在凝聚力、意志力、组织能力的根本不同。即使遭受惨重损失，却依然能重新聚集、卷土重来的才是真正的强大。

刘备的政治声望是刘璋、孙权这些地方军阀可望而不可即的。在凝聚人心、收揽民心方面，刘备具有巨大的优势。而刘备也充分利用了自己的优势。在这方面，刘备对刘璋、孙权依然是降维打击。天下英雄归心于刘备，不仅在于刘备有英雄之志，更在于刘备有英雄之器。刘备不仅能识英雄，更能用英雄。

有人说刘备何其幸运，能得到关羽、张飞两员大将，其实，幸运的是关羽和张飞，他们遇到刘备才有机会展示他们的才华，最终成为名将。

光阴似箭，日月如梭，转眼一年过去，刘备在前线按兵不动未建寸功，政治工作却做得风生水起。

建安十七年（212）的冬天，军师庞统找到刘备，提醒刘备，不要忘记眼前的处境，他们依然是在刘璋的地盘上，而刘璋的部将们已经对荆州军产生疑心。庞统说："杨怀、高沛是刘璋麾下的心腹将领，他们统领重兵，据守关头，听说已经多次上书劝说刘璋，要发遣将军回荆州去。"庞统能对刘备这么说，肯定是已经掌握了大量确实的情报。

刘璋在刘备入蜀之初，为表示对刘备的信任就将白水军交给

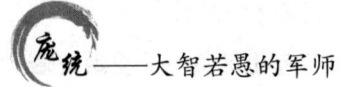
庞统——大智若愚的军师

刘备指挥。但那不过是逢场作戏，因为白水军驻守的白水关是益州的门户，白水军又是川军精锐，刘璋怎么可能真的将白水军交给刘备？守将杨怀和高沛也不会听刘备的。刘备指挥不动白水军，这点双方心知肚明。杨怀和高沛的真正作用不是服从刘备而是监视刘备。

白水军在监视荆州军。其实，荆州军也在监视白水军，时刻关注着对方的一举一动，具体负责的应该就是军师庞统，所以，对此时此刻荆州军的危险处境，庞统才会有更深的体会，才会在收到情报后主动报告刘备，提醒刘备及早动手，避免被动。

实际上，双方的暗战很可能从刘备驻军葭萌关的那一天就已经开始了。杨怀和高沛在秘密监视刘备和庞统。刘备和庞统也在暗中观察杨怀和高沛。双方的行动都是在暗中秘密进行。

形势万分紧迫，局势十分微妙。

刘备长期按兵不动，又广树恩德，必然会引起刘璋的疑心。一旦刘璋采纳杨怀和高沛的意见，率先动手，被动的肯定是刘备。这点刘备自然清楚，刘备当然也明白庞统的苦心，深知驻军

葭萌献策——袭取涪城

葭萌关非长久之计。他此来就是夺取益州的,但他现在缺的是起兵的理由。

因为刘璋在钱粮方面还是供应颇多的,双方相处得也还算融洽,开战需要充足的理由。

曹操不愧是刘备的多年"老友",想刘备之所想,再次及时送出"助攻"。

建安十七年(212)十月,曹操率军东进,大举讨伐孙权。此时关中已经在去年被曹操平定。战败的西北军阀纷纷逃往陇右,但这些漏网之鱼大势已去,已经掀不起多大风浪。于是,曹操将关中及陇右都交给心腹大将夏侯渊。

解除后顾之忧后,曹操终于有时间和精力去报赤壁之仇。

曹操大军压上。

孙权很快就感受到来自北方的压力,赶紧写信给刘备求援。虽然双方因刘备入蜀之事闹得很不愉快,但在曹军的凶猛攻势下,孙权又想起妹夫刘备的好。虽然妹妹被他接回来了,但他还是厚着脸皮请妹夫刘备看在孙刘姻亲的情分上,拉他一把。因为

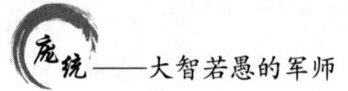
庞统——大智若愚的军师

孙刘不管怎么闹,在对待曹操的事情上,利益还是一致的。

实际上,刘备方面并未坐视不管,关羽在荆州方向已经同曹操的大将乐进在青泥形成对峙,这也是对孙权方面的策应。

至于刘备,远在千里之外的蜀地,这时就算刘备想救孙权,也是远水难救近火。

不过,曹操对孙权的攻击以及孙权的求救,却给刘备提供了与刘璋开战的理由。

刘备趁势写信给刘璋,说孙权与自己是唇亡齿寒,关羽在荆州的兵力又少,自己必须回去救援。至于张鲁,自守之贼,不足为虑。刘备在信中还请求刘璋拨给他一万精兵以及所需的辎重粮草。

刘璋对刘备一年来的表现已经大为不满,见刘备又来要兵又来要粮,颇为不快,但还是拨付了一些兵员粮草,不过都在刘备的要求上有所减少,兵只给四千,粮草减半。刘璋能做到这一步,其实已经算是很厚道了。

但刘备的目的不是要粮草,而是寻找开战的理由。刘备故意

葭萌献策——袭取涪城

将刘璋的回复公之于众，说："吾等为益州征战强敌，师徒勤瘁，他们却如此积财吝赏，何以使将士效力死战！"刘备扬言要退兵回荆州去。但他的这番举动过于逼真，连内应张松都被骗过去了。张松急忙修书给刘备和法正说："今大事即将成功，怎么能在这时撤军呢？"张松的哥哥广汉太守张肃，担心事情败露连累到他，将张松告发。张松随即被刘璋所杀。

双方已经闹翻，这下刘备不得不行动了。

但如何进兵，还是需要好好筹划一番的。

其实，一年来，在刘备醉心于群众工作之际，庞统便一直在为起兵做准备，因为这是他身为军师的职责。

这一年来，想必庞统已经将蜀中的山川地理研究得十分清楚，烂熟于心，这其中当然有张松献图的功劳。张松将蜀中的地理图本交给刘备，地图上对蜀中的山川险要都有明确的标注，这些地图和标示成为庞统制定战略的重要依据。

如何进兵，庞统筹谋已久，是时候对刘备讲明了。因为情势紧迫，刻不容缓。

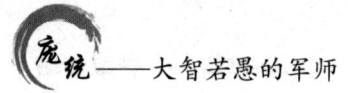

庞统——大智若愚的军师

庞统向刘备提出取蜀的上、中、下三策：

上策："阴选精兵，昼夜兼道，径袭成都。"

中策："杨怀、高沛，璋之名将，各仗强兵，据守关头，闻数有笺谏璋，使发遣将军还荆州。将军未至，遣与相闻，说荆州有急，欲还救之，并使装束，外作归形，此二子既服将军英名，又喜将军之去，计必乘轻骑来见将军，因此执之，进取其兵，乃向成都。"

下策："退还白帝，连引荆州，徐还图之。"

庞统献策，名为三策，其实只有一策，因为上策、下策皆不可行，可行的只有中策。既然如此，庞统为何不在一开始就提中策而要说上、中、下三策呢？这就是作为军师的庞统提建议的水平，永远要将最终决策权留给君主。

作为军师，你的职责是提建议，最终的决定权要留给你的君主。永远不要替你的领导做决定，作为部下，你的权限仅仅是做出计划，提出建议。

而提建议也是有技巧的，那就是提供有选择范围的建议。如果只提一条，那你的领导就只有两种选择，肯定或者否定你的建议。领导会感到很别扭，有种被你挟制，被动做出决策的感觉。这种感觉很不舒服，永远不要让你的领导有这种体验。肯定你的建议，领导会不舒服；否定你的建议，你也会很难堪。

那该怎么做呢？庞统已经做出教科书般的示范：给出多条建议，让领导有选择。是领导做决策，而不是你做决策。你的职责只是提供参考建议，千万不可调换位置。庞统真正想提的只有中策，因为只有中策可行。

为何说上策不可行呢？挑选精兵，昼夜兼程，偷袭成都。想想近在咫尺的白水军一直都在从事的秘密工作——监视。白水关距葭萌关并不远，大军调动很难做到隐蔽，更何况对方还在一直密切地监视着你。只要这边的奇袭部队一出动，那边白水军就会立即派人向成都报信。

就算能暂时骗过白水军，但从葭萌关去成都，沿途要经过剑门关、涪城、绵竹、雒城，这些城，要么绕过去，要么攻进去。绕过去不现实，因为这些城大多就在交通线上；攻进去就更难，

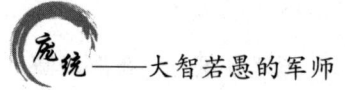
庞统——大智若愚的军师

刘备之后攻雒城就用了一年的时间,军师庞统就是在攻打雒城时中箭阵亡的。

而且,奇袭最重要的是速度,兵贵神速,奇袭尤其如此。因为奇袭就是攻敌不备,趁敌人未发现,来一个突然袭击,速度越快,被发现的概率越小,获胜的可能性就越大。因此,通常奇袭使用的都是骑兵,因为速度够快。而刘备的主力部队是步兵,速度快不起来,沿途还有那么多城池,走不出多远,刘璋就会得到消息,加强防备,到时奇袭不成变强攻,还得一座城一座城去打。

但是,不要忘记,在葭萌关的西北不远处还有一座白水关,驻防在这里的白水军是刘璋的精锐,得知刘备南下去进攻成都,你猜他们会怎么做呢?他们还能怎么做呢?当然是南下攻击刘备的后背,与前面的阻击部队前后夹攻刘备。上策只会令刘备腹背受敌。

至于下策,想都不用想,能被主动邀请入蜀是千载难逢的机会,错过这次,哪里还会有下次?孙权会步步紧逼,曹操也不会每次都送出精准的"助攻"。这次千里迢迢劳师远征就是为了取

葭萌献策——袭取涪城

蜀,现在退回去,岂不是前功尽弃?再说,如今与刘璋已经翻脸,就算想退回去,又谈何容易?别人不说,刘备自己也不会答应。他这次来就未打算回去,益州,他志在必得。因此,这个下策就是用来凑数的。

刘备果然采纳了庞统的中策,先夺取白水关,再举兵南下去取成都。想要南下,先要北上。

刘备依计而行,放出消息,假装要回荆州。杨怀和高沛听了果然暗自高兴,未加防备,只带少数随从来为刘备送行。刘备当然不会跟他们客气,直接摆下一桌鸿门宴,擒杀二将,亲自送二人"上路"。刘备不是不会摆鸿门宴,当年在徐州,刘备就是用此招杀的韩暹,只是设鸿门宴要看时机。事情的发展果如庞统所料。刘备在斩杀杨怀和高沛两员大将后,立即率军出击占领白水关,控制白水关,直到此时刘备才真正掌控白水军。

之后,刘备令人好生"照顾"白水军的家属,然后率领白水军及荆州军迅速南下,以大将黄忠、卓膺为前锋,昼夜兼程奔袭涪城。还是那句话,兵贵神速。

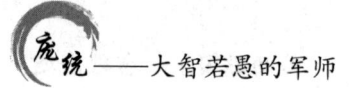
庞统——大智若愚的军师

在刘璋尚未反应过来之前，刘备已经率军急速南下，袭取涪城。

此前，刘备在益州的立足之地只有葭萌关，处在刘璋军队的包围之中。虽然那时的刘璋军是友军，但刘备和庞统都知道，此来就是取蜀，友军随时可能变敌军。

入蜀一年多，刘备的精神始终处于高度紧张的状态，这一年来，他的神经都紧绷着，不敢有一点大意，因为稍有差池，就会酿成大错。夺取白水关只是解除部分后顾之忧，而攻占涪城，意味着刘备已经能在蜀地立足。至少现在，他和刘璋的胜率是对开。长期紧绷的神经终于可以暂时放松下来。占领涪城，刘备很是高兴，特意下令举行大宴犒赏三军。

庆功会上，一向喜怒不形于色的刘备也难得放开，置酒奏乐，尽情玩乐，露出了久违的笑容。刘备笑着对庞统说："今日的宴会真是快乐呀！"谁知，庞统却说："伐人之国以为乐，非仁者之兵。"刘备这时已经有了几分醉意，心情放松之下，却突然听到庞统如此扫兴的话，当即大怒，驳斥庞统说："武王伐纣，

葭萌献策——袭取涪城

前歌后舞，难道不是仁者之兵？你的话很没道理，出去！"庞统知道此时刘备正在气头上，也未多言，起身离席而去。

过了一会儿，刘备稍微清醒了一点，立刻意识到自己刚才酒后失态，赶紧令人将庞统又请回来。庞统重新回到座位上，饮食自若，好像刚才未发生任何事，照吃照喝，照旧谈笑风生。庞统这么从容，反而令刘备有点不好意思。

刘备说，刚刚咱们俩是谁错了？庞统说君臣都有错。刘备听后，哈哈大笑，欢宴如初。

向来情商在线的庞统为何会在刘备正高兴的时候，说出那么扫兴的话呢？因为庞统其实是在及时提醒刘备，此时此刻，千万不可得意忘形。说到底，这场战争，在道德层面上，刘备是理亏的。因此，即使取胜，也要尽可能地低调。刘备当然明白这个道理，只不过在长期的压力紧绷之下，难得放松的他，又多喝了两杯，才会酒后失言。作为军师，庞统要及时帮助刘备保持清醒。

涪城欢宴，只是一个小插曲，但也能看出刘备与庞统之间的感情是很深的，感情不到位是不敢这么讲话的。朋友之间，说话越随意的，感情越好；说话越礼貌的，越是生疏。因为大多数时候，礼貌只是社交礼仪，是用来相互防范，制造距离保护自己的。

刘备酒后失言，在场众人都知道，但只有庞统能劝，也只有庞统敢劝。之所以这么说，不仅因为刘备与庞统关系亲近，更因为庞统新立大功。

庞统是刘备取蜀的第一功臣，也是最大的功臣。虽然庞统未看到最后的胜利，却是功劳最大的人。

取蜀最关键的战役不是夺取涪城，也不是攻占雒城，甚至不是进占成都，而是首战袭取白水关。

万事开头难，因此首战取胜对于孤军深入的刘备尤为重要，极其关键，只有首战取胜，才能在蜀地立足，才会有后面的连战连胜。若首战打不开局面，那就意味着失败。刘备当然不允许失败，这场仗他必须赢。已然没有退路的刘备，只能孤注一掷，力求必胜。

然而，谈何容易！白水军并不弱。刘备军不甚强。刘璋的谋士郑度说刘备"兵不满万，士众未附"。郑度站在刘璋的立场说

葭萌献策——袭取涪城

刘备，肯定有所夸张。由此甚至可以反证，刘备的军队至少超过一万人。当然，也不会超出很多。当初，刘璋名义上将白水军交给刘备指挥，史书上也有记载，督白水军，并军三万余人。意思是，算上白水军，刘备的兵力已经超过三万。

白水军地处对抗张鲁的前线，守的又是益州门户白水关，因此，白水军不仅是蜀中精锐，而且数量也不会少，兵力也应在万人以上。这也符合并军三万的记录。

然而，此时的白水军仅仅是名义上归属刘备，实际上是监视刘备。而从实力上，双方势均力敌。

刘备的首战不仅要胜，还必须要快。必须在刘璋做出反应之前，抢占战略要地涪城。但想要南下涪城，必须先北上取白水关，解除后顾之忧。

但白水关并不好取，如前所述，白水军不仅兵力占优还是百战精锐，而且，他们对刘备一直处于高度戒备的状态，想要袭击白水军并不容易。面对这么一支兵力雄厚近在眼前充满警惕与敌意的部队，想靠偷袭，更是几乎不可能。这个难度要超过取涪

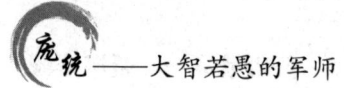

庞统——大智若愚的军师

城、攻雒城、进成都。

但庞统做到了。

庞统的计策是鸿门宴。

当初在涪城未设成的鸿门宴,这次终于设成了,而且还成功了。

计谋看似简单,实施起来难度却很大。庞统能胜,胜在情报。之前说过,自从刘备进驻葭萌关,双方的暗战就开始了。由于史料匮乏,已经很难得知其中详情,但想必双方的暗战也是精彩纷呈。

庞统劝刘备以退为进,放出风声,假意要回荆州,故意引杨怀和高沛出关前来葭萌关为刘备送行。因为庞统综合之前的情报,做出精准预判,认定得到消息的杨怀和高沛一定会来,一定会放松警惕,到时在宴席上擒杀二将易如反掌,失去指挥,尚不知情的白水军将更容易被控制。事情的发展果如庞统所料,每一步都被庞统算到了。

如果刘备要强行进攻占据地形优势、兵力优势的白水军,不仅胜负难料，即使取胜，也要付出很大代价。更重要的是，这个时间，刘璋就会有机会补防，派兵加强防守，到时涪城就难打了。一步赶不上的结果可能是步步赶不上，那刘备取蜀就会很艰难。

幸好有军师庞统的妙算，才能轻取白水关，控制白水军，进而急速南进，袭夺涪城。

夺取白水关，收编白水军，进而攻占涪城，整个过程如行云流水般流畅，一气呵成，极度丝滑。这都是庞统运筹帷幄巧计妙算的功劳。

至此，刘备的夺蜀之战已胜六成，胜局已定。后面的攻占雒城、进围成都，只是水到渠成。诸葛亮、赵云、张飞率援军入蜀时，刘备已经攻下雒城。援军只是锦上添花，因为最关键的袭取白水攻占涪城的战役，庞统已经帮刘备打赢了。

雒城之殇——凤雏战亡

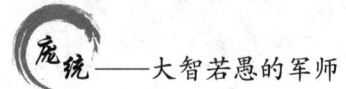

庞统——大智若愚的军师

原本承受压力的是深入蜀地的刘备军,但刘备夺取涪城后,形势就完全变了。攻守易形,现在压力给到了刘璋这边。

起初,刘璋被刘备突如其来的闪击战完全打蒙了。刘璋想不到刘备的攻击来得如此之快、如此之猛,还未搞清楚状况,白水关就丢了,紧接着,涪城也丢了。沉重的打击接踵而至,刘璋主政益州二十年,还从未经历过如此严峻的局面。

益州从事广汉人郑度向刘璋献计:"左将军悬军袭我,兵不满万,士众未附,野谷是资,军无辎重。其计莫若尽驱巴西、梓潼民内、涪水以西,其仓廪野谷,一皆烧除,高垒深沟,静以待之。彼至,请战勿许。久无所资,不过百日,必将自走,走而击之,则必禽耳。"

雒城之殇——凤雏战亡

郑度说了这么多,归纳起来就是四个字:坚壁清野。

这招的确够狠。

刘备很快就知道了,为此很是忧虑。如果刘璋真的采纳郑度的计策,刘备的麻烦就大了。刘备向法正问计。刘备焦虑不安,反观法正却一脸淡定。法正告诉刘备大可不必担心:"刘璋是不会这么做的,尽可放心。"刘璋果然未用郑度之计,对群臣说:"我只听说过拒敌以安民,还未听过动民以避敌的。"说起来,还是法正更懂刘璋。刘备悬着的心终于可以放下了。

既然不愿坚壁清野,那就只能正面对战了。

刘备在抢占涪城后,夺得了战争的主动权。加上刚刚攻取的地方也需要时间去稳固,于是暂取守势。主动发起进攻的是刘璋。益州门户白水关与水陆枢纽涪城接连丢失,逼得刘璋只能主动进攻。刘璋为夺回涪城,派出大将吴懿、张任、泠苞、邓贤率军北上,来战刘备。

刘璋派出如此阵容,精兵强将精锐尽出,目的就是寻求与刘备决战。然而,<u>这些人全部被刘备击败</u>。

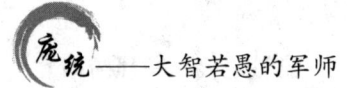
庞统——大智若愚的军师

败军退守绵竹。川军士气大挫，大将吴懿在军败之后，选择直接在阵前向刘备投降。这给川军带来的震撼甚至比战败还要严重。

之所以会出现这种情况，原因在于吴懿的身份。吴懿，兖州陈留人。吴懿的父亲与刘璋的父亲是至交好友。刘焉入蜀，吴懿的父亲也带着家人追随刘焉一起来到蜀地。吴懿的妹妹还是姑娘时，就被相面说她有富贵之相。刘焉于是为其三子刘瑁迎娶了吴懿的这个妹妹，通家之好，又成为儿女亲家，亲上加亲。

更重要的是，吴懿也很有能力，是蜀中名将，在军中颇有声望。论关系是刘璋姻亲，论能力是蜀中名将，连他都投降了。由此给蜀地军民带来的影响，可想而知。

建安十八年（213），刘璋再派护军李严、参军费观驻守绵竹抵挡刘备。

李严，荆州南阳人，刘表时期出仕，遍历荆州郡县。曹操南下荆州时，李严正在秭归任职，他不愿降曹，秭归靠近益州，于是李严来到蜀地投奔刘璋，很受刘璋赏识，被任命为成都县令，以才干出众闻名蜀中。吴懿归降刘备后，李严就被委以重任，刘璋希望李严能够挡住刘备。

费观，荆州江夏人。他是李严的参军，但同时他还有另一个身份——刘璋的女婿。

一个是颇受器重深受重用的部下，一个是与之有姻亲关系的女婿。怎么看，这都是亲信、是嫡系。刘璋很信任他们，才把他们派上前线，希望他们能扭转颓势。

李严和费观是怎么"报答"刘璋的呢？投降。李严和费观率军归附了刘备。

从吴懿到李严、费观，他们有着相同的特点，他们都不是益州人，他们都是刘璋亲信之人。吴懿、李严更是手握重兵的大将。他们投奔刘备后，仕途也是一帆风顺，更受重用。

刘备在取蜀之后，便迎娶了吴懿的妹妹。刘备在成都称帝后，吴懿的这个妹妹也顺理成章地成为皇后，印证了大富大贵之相。吴懿在蜀汉是与魏延齐名的大将。蜀地平定后，吴懿被拜为护军、讨逆将军。刘备称帝，吴懿升为关中都督。蜀汉建兴八年

（230），吴懿同魏延出兵陇右在南安郡大破魏将郭淮、费曜，以军功封高阳乡侯，升左将军。

蜀汉建兴十二年（234），丞相诸葛亮在北伐军中病逝。魏延与杨仪再起冲突，魏延被杀。车骑将军吴懿受命都督汉中，领雍州刺史，接替魏延镇守汉中，直到建兴十五年（237），病死任上。

李严归降刘备后，先是被拜为裨将军，益州平定，拜犍为太守、兴业将军。建安二十三年（218），刘备北上争夺汉中，犍为郡资中县发生叛乱，叛军数万，声势颇大。李严仅率五千郡兵即将叛乱扫平，受到刘备赏识。

章武二年（222），李严被刘备招到永安宫拜为尚书令。

章武三年（223），尚书令李严与丞相诸葛亮并受遗诏成为托孤大臣。之后，李严以中都护率军驻守永安防备东吴，同年封都乡侯。

建兴四年（226），李严晋升前将军，移驻江州。

建兴八年（230），李严晋升骠骑将军，率两万人增援汉中。

雒城之殇——凤雏战亡

建兴九年（231），丞相诸葛亮率军北伐。李严以中都护留守汉中，因运粮失职，谎报军情，被贬为平民发配梓潼郡。三年后，得知丞相死讯，李严发病身亡。

费观在刘备定蜀后被拜为裨将军，后任巴郡太守、江州都督，后主刘禅即位后，封都亭侯、振威将军。

对于费观，大多数人是陌生的，但其族中的一个晚辈三十年后成为掌控蜀汉朝政的重臣，此人即是诸葛亮在蒋琬之后选定的又一个政坛后起之秀费祎。

蜀中大将吴懿、李严先后率部归附刘备。此消彼长，对阵双方的实力已经发生巨变。

刘备接连夺取白水关、涪城，又将吴懿、李严等招入麾下，已经有七成以上的胜算。此时的刘备再不是那个兵不满万、为补给发愁的孤军。如今的刘备地广兵多，兵强马壮。

而此时距开战也仅仅过去一年，形势就有如此大的变化，刘璋尚未意识到，他为何会连战连败，连吴懿、费观这种姻亲都弃他而去，连李严这等受重用的亲信都会离开他。

庞统——大智若愚的军师

现在的刘璋是名副其实的众叛亲离。其实，吴懿、李严、费观，所有这些人都有一个共同点，他们都是东州人。

而刘璋上台掌权后，最大的变化就是开始大量起用益州本地人。虽然同时他也重用东州人，但益州的蛋糕就这么大，益州人多吃一口，东州人就会少吃一口，更何况长期以来，双方对立严重，仇深似海。

刘璋重用益州本地人的政策，早已引发东州人的普遍不满，由此产生极强的敌对情绪。

当初，东州兵拼死力战帮助刘璋扫平赵韪之乱，就是希望压制益州豪强，维护东州人的利益。

但多年以来，刘璋的所作所为令东州人大失所望，离心倾向也越来越明显，法正、孟达联络刘备，吴懿、李严归顺刘备不是偶然事件，而是东州人的集体选择。

如果只是个别人的背离，可以称之为偶发事件，但这么多人的集体离去，只能说明刘璋的执政已经出现严重问题，并且由来已久，冰冻三尺非一日之寒。刘备的入蜀和南下只是加速了进程，刘璋的政权内部早已弊端丛生，矛盾重重。刘璋的政权从内部早已瓦解，刘备的进攻只是加速刘璋的崩溃。因为刘璋赖以存在的基础——东州兵已经集体抛弃刘璋，转投刘备。

东州兵对刘璋极度失望。鉴于东州兵与益州人的矛盾，刘璋在二者之中只能选其一。刘璋想二者兼顾，事实证明，这条路走不通。

东州兵集体奔向刘备，只是因为他们认定刘备能保护他们的利益，而刘璋重用益州人是在损害他们的利益。既然刘璋已经做出选择，依靠并重用益州人，那他也必须为自己的选择付出代价，那就是东州兵的另投明主。刘璋可以做选择，东州兵当然也可以。吴懿、李严已经代表东州兵做出了选择，那就是投奔刘备。

东州人掌握兵权，益州人掌控政权。但须知一个古今通用的道理，政治权力从枪杆中诞生。

刘璋失去益州战斗力最强的东州兵的支持，他的败亡便不可避免。

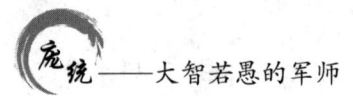
庞统——大智若愚的军师

真正的离去都是极度伤心之后的别离。

真正的离去都是有迹可循的，只是当事人未曾察觉。

真正的离去从来都不是歇斯底里的大吵大闹，而是悄悄地走。

真正的离去都是没有告别的。

东州军从将领到士兵都对刘璋失望至极。可悲的是，刘璋居然未感受到，还将东州兵视为关键时刻可以使用的王牌、能依靠的力量。

身为地方军政之长，政治敏感度居然可以迟钝到这种程度，刘璋丢失益州一点也不令人感到意外，他能守住才叫意外。

刘璋已经被东州将领集体抛弃。

如今，刘璋所能依靠的只有益州人。但益州兵的战斗力远远不如东州兵。之前，益州土豪赵韪起兵反对刘璋依靠的就是本地势力，对抗的即是东州兵。在那场叛乱中，一度席卷蜀地的益州兵被东州兵镇压下去。那次战争的结果清楚地展示出双方在战力上的巨大差距。十年之后，益州兵与东州兵在战力上的差距依然存在。

与十年前不同,这次不仅是益州兵与东州兵的较量,荆州兵也加入战场。现在益州兵不仅要对抗东州兵,还要面对远道而来的荆州兵。

实力上的巨大差距,已经决定了这场战争的胜负。

刘备军在顶住刘璋的反攻后,再次投入进攻。这次的攻击更持久,攻势更猛烈,因为东州兵的加入,刘备的实力已然今非昔比。吴懿部、李严部的加入,使刘备实力倍增,这点反映在战场上尤为明显。

刘璋军抵挡不住,连战连败。刘备军则连战连胜,高歌猛进,势如破竹。

刘备占据涪城这个水陆四通的战略枢纽,又打退刘璋的反攻,便开始分兵略地,席卷巴蜀。

刘璋的儿子刘循与大将益州蜀郡人张任退守雒城。

刘备乘胜率军进围雒城。

蜀将张任率部出击,与刘备军大战于雁桥,兵败被俘。刘备

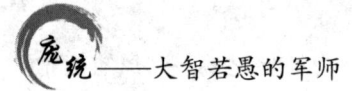
庞统——大智若愚的军师

素闻其勇,有意招降。张任却宁死不从,声言忠臣不事二主。刘备十分惋惜,但也只能成全张任。

刘璋厚待益州人,也得到了回报。

雒城再向南即是成都。雒城已是成都外围的最后一道防线。

很明显,刘璋大势已去。一直随同刘备征战的法正写信劝降刘璋道:

> 正受性无术,盟好违损,惧左右不明本末,必并归咎,蒙耻没身,辱及执事,是以捐身于外,不敢反命。恐圣听秽恶其声,故中间不有笺敬,顾念宿遇,瞻望悢悢。然惟前后披露腹心,自从始初至于终,实不藏情,有所不尽,但愚暗策薄,精诚不感,以致于此耳。
>
> 今国事已危,祸害在速,虽捐放于外,言足憎尤,犹贪极所怀,以尽余忠。明将军本心,正之所知也,实为区区不欲失左将军之意,而卒至于是者,左右不达英雄从事之道,谓违信默誓,而以意气相致,日月相迁,

雒城之殇——凤雏战亡

趋求顺耳悦目,随阿遂指,不图远虑为国深计故也。事变既成,又不量强弱之势,以为左将军县远之众,粮谷无储,欲得以多击少,旷日相持。而从关至此,所历辄破,离宫别屯,日自零落。雒下虽有万兵,皆坏阵之卒,破军之将,各欲争一旦之战,则兵将势力,实不相当。若欲远期计粮者,今此营守已固,谷米已积,而明将军土地日削,百姓日困,敌对遂多,所供远旷。愚意计之,谓必先竭,将不复以持久也。空尔相守,犹不相堪,今张益德数万之众,已定巴东,入犍为界,分平资中、德阳,三道并侵,将何以御之?本为明将军计者,必谓此军县远无粮,馈运不及,兵少无继。今荆州道通,众数十倍,加孙车骑遣弟及李异、甘宁等为其后继。若争客主之势,以土地相胜者,今此全有巴东,广汉、犍为,过半已定,巴西一郡,复非明将军之有也。计益州所仰惟蜀,蜀亦破坏,三分亡二,吏民疲困,思为乱者十户而八。若敌远则百姓不能堪役,敌近则一旦

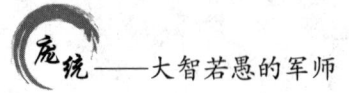庞统——大智若愚的军师

易主矣。广汉诸县,是明比也。

又鱼复与关头实为益州福祸之门,今二门悉开,坚城皆下,诸军并破,兵将俱尽,而敌家数道并进,已入心腹,坐守都、雒,存亡之势,昭然可见。斯乃大略,其外较耳,其余屈曲,难以辞极也。以正下愚,犹知此事不可复成,况明将军左右明智用谋之士,岂当不见此数哉?旦夕偷幸,求容取媚,不虑远图,莫肯尽心献良计耳。若事穷势迫,将各索生,求济门户,展转反复,与今计异,不为明将军尽死难也,而尊门犹当受其忧。

正虽获不忠之谤,然心自谓不负圣德,顾惟分义,实窃痛心。左将军从本举来,旧心依依,实无薄意。愚以为可图变化,以保尊门。

对法正的劝降,刘璋置之不理,不做答复。
在刘璋之子刘循的率领下,益州人在这道防线上异乎寻常的顽强。刘备以为,很快就能攻破雒城,直抵成都。但令他想不到

的是，就是这座坚城，足足打了一年。

本以为胜利就在眼前，但刘备未料到，胜利的前夜才是最危险、最凶险的。

刘备率军包围雒城，发起全面进攻。据守雒城的刘循知道，如果雒城失守，成都将直接暴露在刘备军的兵锋之下，因而，他表现得异常坚定，率部死守雒城。

刘备督军强攻，屡次受挫。刘备军主力驻兵于坚城之下，眼看胜利在望，却迟迟打不开局面。战事陷入胶着，刘备也为之焦虑万分。

然而，危险不仅来自前线，也来自后方。刘备与刘璋开战后，汉中的张鲁一直在旁观，在刘备大军南下之后，张鲁认为他的机会来了。

刘备主力在涪城、雒城一线，后方必然空虚。

于是，张鲁计上心来，派部将杨昂率军南下来到葭萌关前，表示愿助一臂之力，共守葭萌关。

葭萌关是刘备起兵之初在蜀地的大本营。刘备南下之时将葭

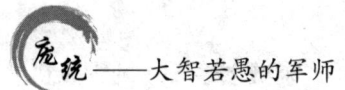
庞统——大智若愚的军师

萌关交给荆州南郡人中郎将霍峻守卫。历史再次证明，刘备又一次做出了正确的选择。南下之前，刘备仅有一座葭萌关。南下之后，葭萌关成为刘备军的大后方，但同时也是前线。因为葭萌关直面的不仅有白水关还有汉中的张鲁。

大军驻守葭萌关时，张鲁不敢轻举妄动；大军出征之后，张鲁便蠢蠢欲动。

霍峻当然明白，杨昂所谓的共守葭萌关是包藏祸心。霍峻也不跟他客套，直接揭穿他的谎言，明确告诉杨昂道："小人头可得，城不可得。"杨昂见骗局被拆穿，只好悻悻而去。

张鲁的部队刚走，刘璋的部队就来了。战争不仅发生在蜀地，巴地也是战场。

益州也称"巴蜀大地"。益州以西，以成都为中心有拥有蜀郡、广汉郡、犍为郡的蜀地。益州以东，以江州为中心有拥有巴郡、巴西郡、巴东郡的巴地。

葭萌关就在巴蜀的交界线上，向西走金牛道可去蜀郡，向东走水路可去巴西郡。

开战以后，刘璋的部将扶禁、向存便率军一万由巴地沿阆水北上围攻葭萌关。

攻城的扶禁、向存有一万人。而葭萌城中，霍峻所部兵不满千，只有数百。攻守双方兵力相差十倍。

霍峻兵力虽少，却占据地利。霍峻凭险据守，以少敌众，以数百精兵，挡住了刘璋军上万人的进攻，硬是守了一年。精彩之处还不仅于此，通常在这种情势下，守将能保关城不失，就已是大功一件。然而霍峻接下来的举动告诉人们，何为艺高人胆大。守住关城是必须的，在此之上，还要击溃敌人。

攻城的刘璋军面对只有数百人防守的葭萌关，攻了一年也攻不下来，士气大受打击，时间久了，难免懈怠。双方形成对峙，城外的扶禁、向存仗着兵多，也不做警备。主将尚且如此，士兵们当然就更加松懈。他们能够这么放松，都源于一个共同的认识，城里的守军不敢出来。

守将霍峻偏偏就利用了敌人的这种麻痹大意的意识，你们以为我不敢出来，我还偏偏就要出来，反击给你们看。

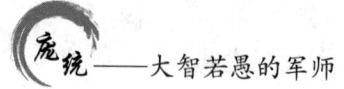
庞统——大智若愚的军师

一天深夜，久闭的城门被悄悄打开，霍峻率数百名部下趁着夜色，对城外的敌军发起突然袭击。围城以来，一直都很悠闲自在的敌军，万万想不到，城里的守军真的敢出来，一点准备也没有，加上又是深夜，也不知城里究竟出来多少人，在霍峻的突袭下，很快便溃不成军，四散奔逃。

乱军之中，主将向存的脑袋也被迫搬家，被砍下来。霍峻以数百之兵大破上万敌军，葭萌之围遂解。

在刘备前有坚城后被攻击，腹背受敌的艰难局面之下，霍峻凭着胆略与勇气以少胜多，为刘备牢牢守住了大后方。这个功劳仅在庞统智取白水关之下，可以称得上是入蜀的第二功。

霍峻在葭萌关长达一年的坚守为刘备化解了来自大后方的危机。如果葭萌关被攻破，对刘备来说，后果简直不敢去想。益州平定之后，刘备特意从广汉郡中分出一个梓潼郡，以霍峻为梓潼太守，以彰其功。

虽然霍峻在葭萌关顶住了刘璋军的侧翼突袭，但危机依然未解除，因为雒城还是打不下来。

雒城之殇——凤雏战亡

雒城后面就是成都。胜利在望，却又似乎遥不可及。

雒城久攻不下，刘备最后只得被迫派人回荆州搬兵，请诸葛亮率军入川增援。

刘备的这个决策产生了两个后果，一是加重了军师庞统的焦虑；二是荆州军主力西进，造成留守兵力空虚，给江东孙权以可乘之机。这两个后果对刘备来说都是灾难性的。但站在刘备的角度，以他当时的处境，似乎也想不出更好的办法。

遇到战事胶着，就向后方的诸葛亮搬救兵，请求增援，从此成为刘备的一个习惯。征战蜀地，刘备请诸葛亮从荆州发兵增援。四年后，刘备征战汉中，又遇困难，打不动时，还是请诸葛亮从蜀地发兵增援。

刘备写信给诸葛亮，请诸葛亮率荆州兵入川，压力却给到了庞统，二人同为军师中郎将，军师诸葛亮在赤壁之战时立下大功，挽救危局。军师庞统也希望能辅佐刘备夺取益州，为刘备再立新功，以取蜀之功，与诸葛亮并驾齐驱。

庞统的取蜀之战即将大功告成，却被雒城挡住去路。刘备又

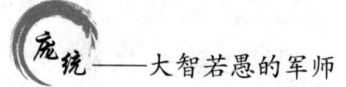

庞统——大智若愚的军师

在这时写信请诸葛亮领兵入蜀。虽然刘备只是想尽快取得胜利，尽早结束战事，但这个决定，还是刺激到了军师庞统。

入蜀以来，庞统本就急于建功，初入蜀地，便建议刘备在涪城设鸿门宴即是证明。

雒城又迟迟难以攻取，还迫使刘备不得不向益州增兵，这些都加重了庞统的焦虑，也使庞统更为急迫地想要尽快攻下雒城。

长久的围攻，必然导致士气低落，庞统身为军师，又想尽早攻下雒城，为激励三军将士，一鼓作气攻取雒城，他亲临一线，直接指挥攻城。

作为此次入蜀的军师，庞统实际上是荆州军的副统帅，其在军中的地位仅次于刘备。以庞统的级别，他本不需要亲赴前线。但为尽快打开进兵成都的通道，夺取益州，庞统也是真的拼了。

庞统亲自领兵冲锋陷阵。作为攻城的指挥官，他的位置很容易暴露，而庞统为激励士兵，身先士卒，又冲在最前面，终于被守城的刘璋军瞄上，箭如雨下，在城上弓箭手的攒射下，庞统身中数箭，阵亡于雒城前线。

雒城之殇——凤雏战亡

攻城受挫，军师战亡。

刘备遭遇入蜀以来的最大危机。

庞统的死，对刘备是不可挽回的巨大损失。庞统本可以在远处观战，为诸军后援，以壮声势。但他偏偏选择最危险的方式，亲冒矢石去攻城。

可以说，庞统为夺取胜利，已经拼尽全力，他是在用自己的命去拼。

刘备知道庞统是为他而死，也深知庞统的所有付出，因而才会对庞统的死格外痛心，异常悲痛。以至于后来，只要说到庞统，刘备就会流眼泪。

受《三国演义》的影响，刘备在很多人心目中的形象就是一个动辄流涕、时常哭泣的人。其实，这是对刘备最大的误解。刘备是英雄，而英雄的心都经过千锤百炼，早已刚强如铁，是不会轻易表露情绪、痛哭流涕的。

男儿有泪不轻弹，只是未到伤心处。

刘备在荆州时哭过，那是为壮志难酬的苦闷而哭泣。

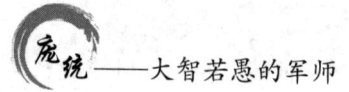

刘备在益州哭泣,那是为痛失战友而伤心难过。

这种哭泣不是软弱,不是懦弱,恰恰相反是重情重义的英雄最真实的情感表露。这种哭泣不会被人笑,反而会受到大家的尊重。

后来,法正病亡,刘备也是这么哭法正的。

与刘备同为世之英豪的曹操,也曾为部下典韦的战死、郭嘉的早亡痛哭过。

刘备之哭庞统、哭法正,正如曹操之哭典韦、哭郭嘉。

有情有义、有人情味儿的主公才值得追随,才值得辅佐。

庞统的死,令刘备悲痛万分,也令三军将士为之动容。

军师庞统战死沙场,不但未令士气消沉,反而激起全军的斗志,要杀进雒城,为军师报仇。

荆州军开始新一轮的攻城,攻势比之前更猛烈、更迅疾,不久之后,雒城终于被刘备攻下。获胜后的刘备并未停歇,而是率军直冲而下,杀向成都。

刘备大军兵临城下,很快将成都围困起来。这时,从荆州赶来的诸葛亮、赵云、张飞也先后率军来到成都,与刘备胜利会师。

在围城数十日后,刘备派从事中郎涿郡简雍入城劝说刘璋。当时城中尚有精兵三万,谷帛可以支撑一年,吏民咸欲死战。刘璋说:"我父子在益州二十余年,无恩德以加百姓。百姓攻战三年,肌膏草野者,不可计数,以璋之故,何心能安?"遂开城,与简雍同舆出降。而刘备也未为难这位同宗兄弟。刘璋的私人财产得到保护,仍佩戴振威将军印绶。但益州是不合适刘璋待了,刘备安排刘璋去公安城居住。

刘备进入成都,不久益州平定。刘备自领益州牧,开始论功行赏,大封功臣,以军师中郎将诸葛亮为军师将军,征虏将军张飞为巴西太守,牙门将军赵云为翊军将军,偏将军马超为平西将军,军议校尉法正为蜀郡太守、扬武将军,裨将军南阳黄忠为讨虏将军,中郎将南郡霍峻为裨将军、梓潼太守,从事中郎麋竺为安汉将军,简雍为昭德将军,广汉长黄权为偏将军,庞羲为司马,李严为犍为太守,费观为巴郡太守。

在这场争夺益州的战争中,功劳最多、贡献最大的当数荆

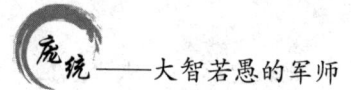
——大智若愚的军师

州人。前有荆州南阳人大将黄忠担当先锋，冲锋在前；后有荆州南郡人勇将霍峻固守葭萌关在后，最重要的是有荆州襄阳人军师庞统居中策划统筹指挥，刘备才能在两年多的时间里夺得益州。

功成之日，最大的功臣庞统却未能看到。但刘备从未忘记庞统这位夺取蜀地的首功之臣。庞统的父亲被拜为议郎，由诸葛亮亲自主持册拜仪式。刘备追封庞统关内侯，谥号靖侯。

刘备时代，大臣得到谥号的只有两人——庞统和法正。

这已经可以证明庞统和法正在刘备心目中的地位。

痛失臂膀——追念士元

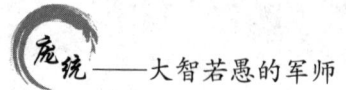

庞统——大智若愚的军师

刘备在蜀地征战三年，最大的收获是得到益州，从此他不用再看人脸色，摆脱被动，掌握主动，从此据有巴蜀，与曹操、孙权并争天下，三足鼎立之格局正式确立。

刘备在蜀地攻战三年，最大的损失便是痛失军师庞统，刘备的两大军师其实是庞统与法正。庞统阵亡，刘备如折臂膀。攻取汉中不久，法正病亡，对刘备而言，更是雪上加霜。刘备刚刚兴起的霸业也随着两大军师的逝去而急转直下。

诸葛亮在刘备时代，更多承担的是萧何的角色，坐镇后方，提供兵员，供应粮饷。刘备看重的是诸葛亮的治国之才。白帝托孤之后，诸葛亮才真正掌握兵权，他的军事才能才有机会得到表现。

刘备入蜀，庞统为军师，诸葛亮留守荆州；刘备取汉中，法正为谋主,诸葛亮留守蜀地。

刘备能三分天下有其一,靠的是三大军师的职能分工,紧密合作。刘备欲北伐中原讨伐曹操,扫平江东杀尽江东鼠辈,三者缺一不可。而刘备数年之间,痛失两位心腹谋臣,与之对应,刘备的上升之路就此停止,并急遽衰落。

刘备因荆州而兴,也因荆州而败。成也萧何,败也萧何。

建安十六年(211)冬,刘备率军入蜀。

建安二十六年(221)春,刘备在蜀中称帝。

十年之间,刘备从荆州牧进而兼益州牧,于汉中称王,于成都称帝。

建安十六年(211),刘备入蜀开始为隆中对的"跨有荆益"的理想而奋斗。八年后,建安二十四年(219),刘备夺取汉中,终于实现"跨有荆益"的战略目标。

然而,仅仅数月之后,大好形势便急转直下,因为孙权的背盟,东吴的偷袭,荆州丢失,关羽败亡。

双方因保卫荆州而联盟结好,也因荆州而反目成仇。

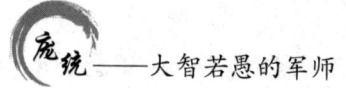
庞统——大智若愚的军师

三国时的三大战役：官渡之战，赤壁之战，猇亭之战，其中，涉及孙刘的只有后两大战役——赤壁之战与猇亭之战。而这两大战役都与荆州有关，皆因争夺荆州而起。

荆州是成败的关键。荆州如此重要，当然要用最重要的人去守。

诸葛亮在率军远征离开之前，将防守荆州的重任交给关羽。这项任命应该是刘备阵营上层的集体共识，以诸葛亮当时的地位及作用，他最多只能建议，做出最终决定的还是刘备。

那么刘备为何会选关羽去守荆州？因为这是刘备所能做出的最好的选择。

守荆州，要同时面对曹操与孙权两大势力。

与曹军在北对抗，需精通陆战，才能与之对攻而不落下风。关羽在赤壁之战时，仅以数千之众便能在襄阳、江陵之间往来纵横，连续杀败曹仁、满宠、李通、徐晃、乐进、文聘等曹军将领，取得大胜。曹仁才被迫退出江陵，周瑜才能进入江陵。试问刘备军中，还有谁能做到这些？因此，当时的曹魏舆论普遍认为"蜀小国耳，名将唯羽"。这应该也是三国时期各方势力的普遍看法。

痛失臂膀——追念士元

荆州处于江汉之间,北通汉水,南据长江。曹军南下亦需先于邺城玄武凿池蓄水操练水师。赤壁之战,以少胜多,江东即以水战取胜。之前,江东与黄祖三战于江夏,亦以水战为先。

守荆州必须精通水战、能带水军。刘备当初分兵南撤,即兵分两路,自己率军民走陆路,以关羽率水军经汉水入长江,以期会师江陵。后兵败当阳,南奔途中与关羽水军相遇才得以安全退往夏口。

刘备凡分兵,必亲率一路,以关羽为一路,只因诸将之中,唯有关羽可担大任,独当一面。

关羽水战、陆战皆精,南征北战,鲜有敌手,领兵出战,常能大胜。曹仁、乐进、徐晃、于禁皆为曹操大将,亦是关羽手下败将。

况且,刘备与关羽、张飞,情同手足,名为君臣,实为兄弟,情谊深厚,荣辱与共,生死相随。

关羽既忠诚又可靠,既有能力又有水平。不将荆州交于关羽,又能交给何人?

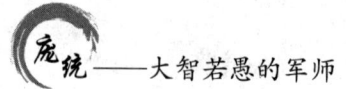
庞统——大智若愚的军师

关羽是刘备军中守荆州最合适的人选。但是，关羽也有明显的缺点，那就是军事强政治弱。

江湖不仅是打打杀杀，也是人情世故。

关羽为人高傲，厚待士兵，却轻慢士大夫。他的缺点和优点都很明显。

曹操是明面上的强敌，虽然强大，但亦可拒之。真正难对付的是孙权，因为江东亦敌亦友，时常是敌友难辨。何时为敌，何时为友，全看利益。

与曹军对抗，沙场上决胜负即可。但与江东为邻，三分军事七分政治，更多的时候不是明争而是暗斗。而政治博弈，恰恰是关羽最不擅长的。关羽后来失荆州，不是大意，他是做足充分准备的。但江东通过布局，早已进行政治渗透，将糜芳、傅士仁等关羽手下的重要将领策反。关羽不是死于明枪而是亡于暗箭，因为明枪易躲，暗箭难防。

关羽最薄弱的政治，恰恰是庞统最强的。说起厚黑，吕蒙、陆逊这些江东人都要以周瑜为前辈。吕蒙、陆逊要对关羽做的

痛失臂膀——追念士元

事,十年前,周瑜就准备对刘备做了。那时周瑜还是南郡太守,而庞统是南郡功曹。周瑜的很多阴谋计划,庞统都知道,甚至连细微之处都清楚。

庞统又是荆州名士,在荆州士人中很有威望,有他坐镇荆州,那些政治渗透,逃不过庞统的眼睛。庞统遍布荆州的关系网就是一张巨大的情报网。

江东人如有异动,庞统定会及时收到情报、得到消息,这就能及时做好反制,粉碎敌人的阴谋诡计。

庞统在刘备的取蜀之战中是首席功臣。如果庞统尚在,其实,他更大的作用不在益州,而在荆州。

关羽独守荆州,势单力薄,军政难以兼顾。庞统若在,可与关羽各司其职,一文一武,发挥所长,相得益彰。

可惜庞统,荆楚大才,壮志未酬,殒命沙场。

刘备深知庞统之才,庞统是他治国理政的股肱之臣,也是他征战四方的军师谋臣。庞统之死,刘备如折臂膀,言则流涕,痛惜之情,发自真心,溢于言表。

附 录

庞统年表

汉灵帝光和二年（179），庞统生于荆州襄阳。

汉献帝建安十四年（209），周瑜任南郡太守，以庞统为南郡功曹。

汉献帝建安十五年（210），庞统归附刘备。同年，刘备以庞统为桂阳郡耒阳县令。庞统不理政事被免官。后经诸葛亮、鲁肃说情，刘备开始重用庞统，委以重任，庞统与诸葛亮同为军师中郎将。

汉献帝建安十六年（211），军师中郎将庞统随左将军荆州牧刘备入蜀，与刘璋相会于涪城。不久，刘备率军北上驻军葭萌关。

汉献帝建安十七年（212），庞统向刘备献取蜀的上、中、下三策。

汉献帝建安十九年（214），庞统在率军进攻雒城时中箭阵亡，年仅三十六岁。